L 18

]

CW01574774

LUCII JUNII MODI[illegible]

VITA ET SCRIPTIS.

DISSERTATIO INAUGURALIS

QUAM

AD SUMMOS IN PHILOSOPHIA HONORES

AB AMPLISSIMO

PHILOSOPHORUM ORDINE LIPSIENSI

RITE IMPETRANDOS

SCRIPSIT

GUILELMUS BECHER,

CYGNEENSIS.

LIPSIAE

TYPIS B. G. TEUBNERI.

MDCCCXCVII.

In the interest of creating a more extensive selection of rare historical book reprints, we have chosen to reproduce this title even though it may possibly have occasional imperfections such as missing and blurred pages, missing text, poor pictures, markings, dark backgrounds and other reproduction issues beyond our control. Because this work is culturally important, we have made it available as a part of our commitment to protecting, preserving and promoting the world's literature. Thank you for your understanding.

RICARDO RICHTER

TUTORI

ALBERTO GRUENE

AVUNCULO

S.

Tabula argumenti:

Columellae voluminum editio novissima adhuc exstat, quam Schneider corpori scriptorum rei rusticae veterum Latinorum a 1794 ad 1797 publici iuris facto inseruit. Nunc Lundstroem[1] Upsalensis cum Langleto[2] et Strömbergo[2] discipulis codicem Sangermanensem denuo confert. Idem multos libros scriptos a viris doctis nondum inspectos exstare narravit; quare spero fore, ut paucis mensibus Sueci docti Columellae textum ad optimorum codicum fidem redactum offerant. Equidem a codicibus aestimandis et mutanda lectione quam maxime abstinebo.

Hodie viri docti de Columella valde dissentiunt. Alii eum rusticae scriptionis optimum auctorem, propositi laudatorem peritissimum, elegantissimum poetam appellant,[3] alii compilatorem rudem ut multum infra despectant.[4] Ego quae sine ira et studio de vita scriptisque L. Junii Moderati Columellae statui possint, enarraturus sum.

I.

De Columellae vita.

Caput I.

Columellae vita ad ipsius scriptorum fidem enarratur.[5]

Gades sibi patriam esse scriptor ipse narrat.[6] Quam prope urbem agros et domicilium possidebat patruus eius, M. Columella, vir illustribus disciplinis eruditus ac diligentissimus agricola Baeticae provinciae[7], acris vir ingenii[8], non minus agrorum, vitium, arborum colendorum[9] quam pecuariae faciendae[10] peritus. Erat possessor agrorum — non colonus vel vilicus[11] — habitabat in Hispania Baetica, quae a victoribus Romanis mores et cultum acceperat[12]. Illic cum rem pecuariam tum vini, olei, oleris culturam floruisse auctor noster compluribus locis testatus est.[13] Hoc a patruo scriptor adulescens rei rusticae elementa didicit atque magistri tam memor fuit, ut etiam senex disciplinae illius mentionem facere non dedignaretur. Neque vero inveterati moris tam amans fuit, ut a praeceptis abolitis dissentire non auderet, sed patrui praecepto sententiam suam opponere non dubitavit. Quibus causis ut Hispaniam relinqueret, motus esset, ipse non enarravit. Cum magnum de re rustica opus componeret, prope Caere, Etruriae oppidum, sedem collocaverat.[14] Ubi antequam ad duodecim libros componendos se applicavit, in Cilicia, Syriaque aliquando versatus est[15], in agro Ardeatino praedium possedit,[16] duo opera composuit.[17] Praeter Caeretanum et Ardeatinum Carseolani et Albani agrorum mentionem facit.[18] Utrum aliis temporibus alium agellum[19] possederit an duos tresve simul habuerit non claris verbis enarrat. Patrui exemplum secutus ipse agricolae munere functus est.[20] Ipse res familiares magna cum diligentia administravit.[21] Ipse ciconiam, machinam rusticam correxit.[22] Ipse inserendi novam rationem invenit.[23] Sed ut erat rei rusticae studiosissimus, ita ceteras scientiae disciplinas non neglexit. In astrologia tantum profecit, ut complurium voluminum opus adversus astrologos improbos ipse componeret.[24] Lustrationum ceterorumque sacrificiorum, quae pro frugibus fiunt, tantopere erat peritus, ut de praeceptis conscribendis ipse cogitaret.[25] Quid? quod etymologiae[26], philosophiae[27], medicinae[28] vestigia in scriptis inveniuntur!

En quod scriptoris de se ipso testimonia docent, habetis. Iam temporum aequaliumque eruendorum, quas ansas libri dent, exquiramus.

Tempus tertii libri loco quodam optime describi praeter ceteros monuit Reitzenstein.[29] Legitur enim r. r. III 3, 3: '*Nomentana regio celeberrima fama est illustris, praecipue quam possidet Seneca, vir excellentis ingenii atque doctrinae.*'

Adde Plinii verba, hist. nat. XIV 49 sq.: '*magna fama est . . . sed maxima eiusdem Stheneli opera, Remmio Palaemoni . . . in hisce viginti annis mercato rus $\overline{DC}$ nummum in eodem Nomentano, decimi lapidis ab urbe deverticulo . . . . cucurritque nonnemo ad spectandas uvarum in iis vineis strues . . . . novissime Annaeo Seneca, principe tum eruditorum ac potentia, quae postremo nimia ruit super ipsum . . . tanto praedii huius amore capto, ut non puderet inviso alias et ostentaturo tradere palmam eam, emptis quadriplicato vineis illis intra decimum fere curae annum.*'

Emit ergo Remmius Palaemon praedium vicesimo anno ante, quam Plinius historiae naturalis quartum decimum librum anno p. Chr. 71. conscripsit.[30] Decem annis post — id est anno nostrae aerae 61. — vineas mercatus est Seneca[31], qui anno 65. mortuus est. Quo lustri spatio Columella locum laudatum scripsit.[32] Antea operis rustici duos, qui antecedunt libros publici iuris fecit, Ardeatinum multis annis ante emit et vendidit,[33] in Syria Ciliciaque versatus est,[15] opus rusticum, cuius liber alter memoriae proditus est,[34] et astrologorum confutationem composuit,[35] multos per annos in Italia vixit.

adulescentiam in Hispania degit. Iam cum tertium illum librum componeret, ipsum aetate provectum fuisse apparet.[36] Adde, quod Varronem avorum temporibus vixisse[37], Iulium Atticum, Cornelium Celsum, Iulium Graecinum sibi aequales esse affirmat.[38] Iam circa aerae nostrae initium Columellam natum esse, septimo vel octavo p. Chr. decennio senectute confectum vita decessisse concedes.

Hoc modo Columellae aetatem circumscripsisse satis habeo. Sequitur ut agam de aequalibus, quibuscum consuetudinem sibi intercessisse ipse narrat.

Natu maiores, quos viderit memorat M. Columellam patruum et L. Volusium consularem. De patruo Gaditano iam supra egi.[39] L. Volusii mentionem facit r. r. I 7, 3: '*ipse nostra memoria veterem consularem virumque opulentissimum L. Volusium asseverantem audivi patrisfamilias felicissimum fundum esse, qui colonos indigenas haberet et tanquam in paterna possessione natos iam inde a cunabulis longa familiaritate retineret.*' Haud scio an idem sit, quem Tacitus anno p. Chr. n. 56. mortuum esse narrat.[40] Quid sibi cum vetere illo consulari fuerit noster non addit.

Ut Volusii ita M. Trebellii cuiusdam nomen semel tantum apud Columellam scriptum legimus. Locus est r. r. V 1, 2: '*proxime cum de commetiendis agris rationem M. Trebellius noster a me requireret, vicinum adeo atque convinctum esse censebat demonstranti, quemadmodum metiri debeamus.*'

Familiariter sese cum illo vivere vocabulo 'nostri' auctor significat. Qui num anno p. Chr. 36. Vitellii legatus fuerit, vehementissime dubito.[41] Cur enim vir aetate provectus, triginta fere annis ante legatione functus, praecepta gromatica a Columella agricola peteret?[42] De illius filio vel propinquo cogitari posse concedo. Ceterum statuendum est Trebellium apud scriptorem non tantum valuisse, ut metiendi ad leges conscribendas eum adduceret.

Multo maior usus scriptori fuit cum Silvino.

Ad eum Columella duodecim maioris operis rustici libros misit. Appellatur aliis locis Silvinus,[43] aliis Publius Silvinus,[44] ut scriptoris patruus aut Columella[45] aut M. Columella[46] nominatur. Cognomen Silvini in Italia[47] et Gallia Narbonensi[48] usitatum, in Hispania[49] cognomen Silvani tritum fuisse docent tituli. Silvinus in Caeritum finibus agros possedit, Columellae praedio vicinos.[50] M. Columellam Gaditanum ipse non vidit, quare scriptor patruum amico compluribus locis describit. Sequitur Silvinum non scriptoris Gaditani popularem a puero in familiaritatem eius receptum esse, sed in Italia vel in ipsis Caeritum finibus amicitia eum contingere coepisse. Ipse praedium administrat[51] atque vitium culturae maxime studet.[50] Cum agricolationis studiosis Columellae opuscula legit atque discutit.[52] Eiusdem auctoritate permovetur scriptor, ut non modo operis dispositionem mutet,[53] sed etiam versus facere audeat.[54] Rei rusticae scriptorum non imperitus ille Cn. Tremellium Scrofam plurimo aestimat.[55] Non frustra a Columella praecepta gromatica petit.[56] Scriptore non amico coaetaneo sed magistro benevolo utitur.[57] Nec num publico munere functus sit nec num praeceptoris exemplum secutus de re rustica scripserit, ex locis laudatis patet. Ceteri et illius aetatis et posteriorum temporum scriptores de Silvino Caerite ne verbum quidem faciunt.

Silvino et Gallione quodam auctoribus se de cultu hortorum carmen instituisse Columella affirmat, r. r. IX 16, 2: '*quae reliqua nobis rusticarum rerum pars superest, de cultu hortorum, Publi Silvine, deinceps ita, ut et tibi et Gallioni nostro complacuerat, in carmen conferemus.*' In decimo vero libro Gallionis non fit mentio. Columellae aetate duos Galliones non ignotos vixisse scimus, Gallionem Senecae fratrem et qui eum adoptavit, L. Iunium Gallionem rhetorem. Hic Senecae maioris et Ovidii familiaris fuit. Declamationes ab eo compositas Seneca pater saepe laudat.[58] Num circa annum p. Chr. n. 65. vivus fuerit vehementissime dubito. Contra Senecae philosophi fratrem maiorem cum Columella amicitia coniunctum fuisse, quin censeamus, quid impedit? Immo vero omnia bene quadrare haud facile quisquam neget. Senecam Gallionis fratrem Nomentanum possedisse Columella testatur.[59] Nec non in agro Albano praedium sibi esse altera ex parte a vilico administratum altera ex parte colono locatum philosophus ipse memorat.[60] Ubi quominus eum Columellae vicinum fuisse credamus, nihil obstat.[18] Tum Ardeatini agri Seneca in epistulis mentionem facit.[61] Neque ergo nimia audacia concludere mihi videor aut in Ardeatinis aut in Albanis Columellam cum Annaeis commercium habuisse. Adde, quod Gallio et Seneca Cordubae nati Columellae populares erant.[62] Postremum haud scio an quis non inepte memoret adoptione M. Annaeum Novatum in gentem Iuniam receptum esse, cuius in gentilium numero Columellam quoque esse infra exponetur.[63] Atque si Gallionem, Columellae amicum, Senecae fratrem fuisse tibi persuasero, iam, qua de causa eiusdem Gallionis, a quo, ut versibus horti culturam traderet, sese permotum esse scriptor nono libro narrat,[64] decimo libro non fiat mentio, facile perspicies; nempe spatio inter nonum decimumque libros interposito Gallio animam efflavit.[65] Faciamus ergo cum Gessnero, Schneidero aliis, qui Gallionem, Columellae amicum, Senecae fratrem natu maiorem fuisse consentiunt.[66]

Haec de Gallione attulisse satis habeo. Restat ut de Claudio Augustali agam.

R. r. XI. 1 legimus:

'Claudius Augustalis, tam ingenuae naturae quam eruditionis adolescens, complurium studiosorum et praecipue agricolarum sermonibus instigatus, extudit mihi, cultus hortorum prosa ut oratione componerem . . . vilici officiis quae quamvis primo rei rusticae libro videar aliquatenus exsecutus, quoniam tamen ea simili desiderio noster Augustalis saepius flagitabat, numerum, quem iam quasi consummaveram voluminum excessi et hoc undecimum praeceptum rusticationis memoriae prodidi.'

Nomen gentilicium nihil docet, cum duae gentes Claudiae, altera patricia altera plebeia, exstent. 'Augustalis' aut cognominis aut dignitatis vim continet. Cognominis vim in vocabulo eo inesse Schneider, de Vit, Klebs censent.[67] Sed cognominis exemplorum in Onomastico allatorum antiquissimum Traiani temporibus debetur. Nimirum Augustalis cognomen ex titulo ortum est. Augustalium enim nomine et sodales et collegae Augustales appellati sunt.

Sodalium Augustalium sacerdotium anno p. Chr. quarto decimo Augusto mortuo a Tiberio genti Iuliae sacrum institutum est, cum e primoribus civitatis unus et viginti sorte ducerentur atque Tiberius Drususque et Claudius et Germanicus adicerentur.[68] Collegia Augustalia per municipia imperatoris ingenio sacrata,[69] celebrabant Augustalia anno a. Chr. n. undevicesimo a. d. IV. Id. Oct. instituta.[70] Alieni ab his sunt ludi Augustales, quos a Tiberio post mortem Augusti fastis additos praetor urbanus edebat.[71] In collegia Augustalia libertini legebantur. Collegae decurionibus auctoritate non multo inferiores erant. In collegio non modo singulis annis honorem gerentes sed etiam munere functi Augustales erant. Unde efficitur, ut in sepulcris saepe Augustalitatis mentio fiat. Collegae munere fungentes et Augustalia in municipiis celebrabant et summam honorariam dabant. Collegia in theatris honoratas sedes habebant, fundos possidebant,[72] auctoritate pollebant.[73]

Utrius Augustalium ordinis adulescentem a Columella memoratum censebimus? In numero sacerdotium Augustalium, quippe cuius sodales cum perpauci primores civitatis tum ipsi principes sint, vereor ne non habendus sit. An quisquam fieri posse putet, ut agricola in provincia ortus nobilissimi sacerdotii sodalem familiarissime suum appellet?[74]

Ceterum talis homo non nomine gentilicio sed cognomine vocatur. Ergo illustrissimos sacerdotes Augustales missos faciamus atque minore, ut ita dicam, Augustalitate Claudium adulescentem praeditum fuisse statuamus. Iam deliberatio optime procedit. In finibus Caeritum, ubi Columellam habitasse scimus, Augustalium collegium fuisse constat.[72] In hoc collegio Columellae temporibus Claudiae gentis libertinum vel libertini filium fuisse censeo. Qui ut erat municipii mercator dives aut sua sponte aut patrono curante eruditionem satis bonam adeptus municipalium locupletium more hortum possidebat, cuius curam ut pedestri sermone accurate enarraret, a Columella petivit.[75] Plura de Claudio coniectare non licet.

Haec quidem ex Columellae verbis colliguntur. Accedunt notae librariorum, quae et auctoris et eius, ad quem librum de arboribus missum esse affirmatur, nomina continent. Auctoris nomina in codicibus leguntur[76]:

'L. Iunius Moderatus Columella.'

Habetis praenomen, nomen gentile, cognomina: civis Romani appellationem. Praenomen Lucii antiquissimis temporibus patriciorum proprium iam re publica libera non solum a plebeiis sed etiam a libertis receptum est.[77] Iuniorum nomen gentilicium patriciis cum plebeiis commune est.[78] Hispani Iuniorum gentilicii iam C. Iulius Caesar mentionem facit.[79] Libertis patronorum gentilicium nomen datum esse constat.[80]

Sequuntur cognomina.

Cognomine prius gentilicii, praesertim cum multi idem praenomen haberent, differebantur. Tum cum populus Romanus valde augeretur, eodem cognomine gentilicio nomini asserto singularum familiarum propinqui appellari coeperunt. Quare invenimus Cornelios Scipiones, Claudios Pulchros, Claudios Nerones.[81] Cognomine gentilicio usi singulis vel pluribus cognominibus propriis distinguebantur. Cognominis munere adiectiva, quae vocantur, vocabula fungi solebant, raro appellationes cognominum vim adipiscebantur.[82] Sed haec hactenus. Iam ad nostri cognomina revertar.

Moderatos cognomine appellatos testantur inscriptiones in Hispania[83], Africa[84], Gallia[85] repertae. Scriptores antiqui mentionem faciunt Moderati, Gadibus nati, Pythagoraei, quem de placitis Pythagoraeis egisse tradunt. Discipulum eius Etruscum, praenomine Lucium, Plutarchus Romae offendit.[86] Moderatum philosophum scriptori rei rusticae propinquum esse et priorum saeculorum viri docti coniecerunt et Buecheler nuper probavit.[87] Non idem esse videtur Moderatus declamator, cuius nomen Seneca maior memoriae prodidit.[88] Hoc agricola una sobole iunior, illi fere aequalis fuit.

Restat, ut de vocabulo 'Columella' verba faciamus. Est cognomen appellativum masculini generis in a cadens,[89] quod ab Angermanno in feminini generis appellationum numero habetur.[90] Cognomina ex corporum proprietatibus, insigni gentilicio, fortunae casibus orta et in familiis hereditaria servata esse Mommsen docuit atque exemplis illustravit.[91] Vocabulum 'columella' a 'columna' derivatur.[92] Atque ut nos Germani vocabulis 'Säule' et 'Stütze' metaphorice utimur, ita a Romanis homines quosdam adiuvantes columellas appellatos esse Donatus testatur.[93] Nititur in sepulcri elogio a Lucilio composito, Luc XXII. 1:

'servo' neque infidus domino neque inutili' quoiquam,
Lucili columella, hic situ' Metrophanes.'

Versum pentametrum pristinae poeseos exemplum affert Martialis.[94]

Haec praefati ad scriptoris nostri cognomen interpretandum vertamur. Significat nostrae linguae aut 'Säule' aut 'Verwalter' vel 'Meier'. Sensus 'Säule' in cognomine esse non nequit, aut insigni gentilicio aut casu aliquo ortus. Neque vero altera vocabuli vis inepta est. Iam Columellae patruum idem cognomen habuisse vidimus. Qui ipse cognomen aut a maiore quodam hereditate consecutus est aut manu missus pristinae conditionis notam in nomen recepit.

Non solum scriptoris nomina in codicibus ascripta esse supra iam commemoravi. Exstat enim nota mira atque leviter aspicienti obscurissima. Subscripta legimus haec verba sub finem undecimi libri in codice Sangermanensi: '*praeter hos undecim libros singularis liber ad Eprium Marcellum de cultura vinearum et arborum*', duodecimi libri clausulae in codice Lipsiensi subiuncta: '*Praeter hos libros singularis eius liber ad Eprium Marcellum.*' Neutro loco, ut nunc librorum ordo est, nota recte posita esse videtur. Maxime vero mihi arridet coniectura Schneideri, qui hoc modo conclusit.[95] Ut nunc, cum viri docti demonstraverint alterius Columellae operis rustici duodecim libros alterius solum de arboribus librum per saecula mansisse, liber singularis ultimum locum tenet, ita iam medio aevo non defuerunt, qui eum maiori operi postponerent aut undecimi libri indicibus assererent. Debetur nota grammatico veteri. Quem grammaticum omnes prioris operis libros novisse, utrum iure Schneider censuerit necne, non satis constat.[96]

Is, ad quem librum missum esse nota affirmatur, quis fuerit, quaerentem offendit Eprius Marcellus, Columellae aequalis, Capuae sordide et abiecte natus.[97] Qui postquam rem publicam capessivit, bis consul fuit,[98] pro praetore Lyciam gubernavit, repetundarum accusatus malis artibus, ut ipse crimine liberaretur, ei, a quibus in ius vocatus erat, damnarentur, effecit.[99] Neronis temporibus delationes factitavit.[100] Vespasiano imperatore manum sibi intulit, cum imperatoris amicitia abusus in domini caedem conspirasset.[101] Exstat elogium ab incolis Cypri insulae dedicatum,[98] in quo appellatur: T. Clodius M. f. Val. Eprius Marcellus ... sodalis Augustalis. Ad hunc Eprium Marcellum prioris operis rustici volumina Schneider a Columella missa esse facit. Summa vero indignatione exarduit Barbaret.[102] Me certe a Schneideri sententia non abalienavit. Primum enim Franco-Gallum fugit prius rusticum opus a Columella Tiberio imperatore compositum esse non Neronis temporibus.[103] Deinde, quantopere Tacitus delatori inviso obtrectaverit invidiamque conciliaverit, non constat. Tum primi libri praefatione nixus Columellae omnes iurisconsultos tanto odio fuisse, ut nunquam quoquam familiariter uteretur, Franco-Gallus iniuria affirmat.[104] Id quidem pro certo habeo ad Eprium Marcellum quendam priora Columellae rustica praecepta missa esse. An, qui factum sit, ut grammaticus ingenio indulgens Eprio Marcello Columellae librum dedicatum esse fingeret, satis certis argumentis usus quisquam demonstret? Eundem Thraseae delatorem esse nec pro certo habere nec pernegare licet. Maxime vero moneo, ne quis, quae supra exposui, parum diligenter complexus aut Eprium Marcellum eundem esse atque Claudium Augustalem, cuius in undecimo libro noster mentionem facit, aut certe Columellam sodali Augustali quodam familiariter usum esse concludat. Duplex error eum decipiet. Alter est, quod, cum vilici praecepta publici iuris fierent, Claudius ille Augustalis adulescens fuit, Eprius Marcellus iam anno p. Chr. 57. pro praetore Lyciam administravit, alter, quod Eprius Marcellus non nisi Neronis Vespasianive favore Augustalitatis particeps factus est, priora nostri rustica praecepta Tiberii temporibus in lucem edita sunt, cum in maiore opere Eprii Marcelli non fiat mentio.

De Eprio Marcello cum non satis constet, maxime cavendum est, ne eius cum Columella familiaritati nimium tribuamus. Ac si Columellae iuvenis amicum progressa aetate imperatorum intimum evasisse concedatur, tamen id solum statuere licet, Columellam iam iuvenem in Italia non solum popularibus Hispanis sed etiam indigenis Italiae familiariter usum esse.

Ad primi capitis finem pervenimus. De ceterorum scriptorum testimoniis ad Columellae vitam pertinentibus secundo capite agemus.

Caput II.

Quae de Columellae vita scriptores tradiderint exponitur.

Veterrimus testis exstat Plinius maior, naturalis historiae scriptor,[105] qui Columellam octavi, undecimi, quarti decimi, septimi decimi, duodevicesimi, undevicesimi librorum auctorem affert. Ubique eum appellat Columellam nulla appositione addita. Scilicet unum solum Columellam scriptorem novit. Efficitur, dummodo unum locum, cui Columellae nomen additum est, ex nostri scriptis excerptum esse demonstratum erit, et ubique nostrum, non alium quendam Columellam a Plinio citari neque scriptoris cognomen in codicibus traditum merae librariorum coniecturae deberi.

Unum Plinii locum cum Columellae praeceptis comparasse satis habebo:

Plin. h. n. XVI. 137 sqq. legimus:

'*Est etiamnum nova inserendi ratio, ne quid sciens quidem praeteream, quod usquam invenerim, Columellae excogitata, ut adfirmat ipse, qua vel diversae insociabilesque arborum naturae copulentur, ut fici atque oleae. Iuxta hanc seri ficum iubet non ampliore intervallo, quam ut contingi large possit ramo oleae quam maxime sequaci atque oboedituro, eumque omni interim tempore edomari meditatione curvandi: postea fico adepta vires, quod evenire trimae aut utique quinquenni, detruncata superficie ipsum quoque deputatum et, ut dictum est, adraso cacumine defigi in crure fici, custoditum vinculis, ne curvatura fugiat. ita quodam propaginum insitorumque temperamento triennio commune inter duas matres coalescere, quarto anno abscissum*

De hoc artificio duobus locis Columella verba facit:

de arb. 27:

'*Sed cum antiqui negaverint posse omne genus surculorum in omnem arborem inseri, et illam quasi finitionem, qua nos paullo ante usi sumus, veluti quandam legem sanxerint eos tantum surculos posse coalescere, qui sunt cortice ac libro et fructu consimiles iis arboribus, quibus inseruntur, existimavimus errorem huius opinionis discutiendum tradendamque posteris rationem, qua possit omne genus surculi omni generi arboris inseri. Quod ne longiore exordio legentes fatigemus, unum quasi exemplum subiciemus, qua similitudine quisque quod genus volet omni arbori poterit inserere. Scrobem quoquoversus pedum quatuor ab arbore olivae tam longe fodito, ut extremi rami oleae possint eam*

r. r. V. 11, 12 sq.:

'*Sed cum antiqui negaverint posse omne genus surculorum in omnem arborem inseri et illam quasi finitionem, qua nos paullo aute usi sumus, veluti quandam legem sanxerint, eos tantum surculos posse coalescere, qui sint cortice ac libro et fructu consimiles iis arboribus, quibus inseruntur, existimavimus errorem huius opinionis discutiendum tradendamque posteris rationem, qua possit omne genus surculi omni generi arboris inseri. Quod ne longiore exordio legentem fatigemus, unum quasi exemplum subiciemus, quo possit omne genus surculi omnibus arboribus inseri. Scrobem quoquoversus pedum quatuor ab arbore olivae tam longe fodito, ut extremi rami oleae possint eam contingere;*

totum adoptantis esse, nondum vulgata ratione aut mihi certe satis comperta.'

contingere; in scrobem deinde fici arbusculam deponito, diligentiamque adhibeto, ut robusta et nitida fiat. Post triennium aut quinquennium, cum iam satis amplum incrementum ceperit, ramum olivae, qui videbitur nitidissimus, deflecte, et ad crus arboris ficulneae religa: atque ita amputatis ceteris ramulis ea tantum cacumina, quae inserere voles, relinquito: tum arborem fici detruncato plagamque levato et mediam cuneo findito. Cacumina deinde olivae sicuti matri inhaerent, utraque parte adradito et ita fissurae fici aptato, cuneumque eximito et diligenter colligato, ne qua vi revellantur. Sic interposito triennio coalescit (?) ficus olivae, et tum demum quarto anno, cum bene coierint, velut propagines ramulos olivae a matre resecabis. Hoc modo omne genus in omnem arborem inseritur.'

in scrobem deinde fici arbusculam deponito, diligentiamque adhibeto, ut robusta et nitida fiat. Post triennium, cum iam satis amplum incrementum ceperit, ramum olivae, qui videbitur nitidissimus, deflecte et ad crus arboris ficulneae religa: atque ita amputatis ceteris ramulis ea tantum cacumina, quae inserere voles, relinque. tum arborem fici detrunca, plagamque leva et mediam cuneo finde. cacumina deinde olivae, sicut matri cohaerent, utraque parte adrade et ita fissurae fici insere, cuneumque exime, diligenterque ramulos colliga, ne qua vi revellantur. sic interposito triennio convalescit (?) ficus cum olea et tum demum quarto anno, cum bene coierint, velut propagines, ramulos olivae a matre resecabis. hoc modo omne genus in omnem arborem inseres.'

In ceterorum aequalium scriptis Columellae nusquam fit mentio. Iam praeceptoris rustici memoria abolevisse videtur, cum eum laudat Gargilius Martialis, Alexandri Severi aequalis, cuius in fragmentis quinquies nomen eius invenimus.[106] Ut vero scriptorem nostrum laudari apparet, ita de vita eius nihil novi discimus.

Quare iam proficiscamur ad Columellae Martialisque discipulum Palladium Rutilium Taurum Aemilianum. Vicies quinquies apud eum Columellae nomen legitur. Neque vero de genere neque de patria neque de tempore nostri quicquam additum est. Quam citandi rationem Palladius secutus sit, iam ipse, sodes, videas:

Pall. I. 19, 3: *negat Columella*; I. 28, 4: *dicit C.*; II. 16: *sicut C. dicit*; III. 9, 14: *ut asserit C.*; III. 10, 14: *C. dicit*; III. 15, 1: *C. dicit*; III. 16: *ut C. dicit*; III. 16: *ut ait C.*; III. 17, 7: *C. sic retulit*; III. 18, 6: *sicut C. dicit*; III. 19, 3: *ut C. dicit*; III. 24, 7: *C. dicit*; III. 24, 11: *quamvis asserat C.*; III. 26, 5: *sicut C. dicit*; IV. 8, 1: *quod C. dicit*; IV. 9, 9: *C. dicit*; VIII. 4, 1: *C. asserit*; VIII. 4, 2: *ut C. dicit*; X. 1, 2: *asserit C.*; XI. 3: *asserit autem C.*; XI. 5, 2: *C. dicit*; XI. 8, 2: *C. praecepit*; XI. 8, 2: *sicut C. dicit*; XII. 1, 2: *C. dicit*; XII. 3: *sicut asserit C.*

In Servii commentariis legimus addidamentum anonymi ad Verg. Aen. III 540: '*Varro autem boves armenta vocari voluit, quasi aramenta, quod eorum praecipue opera in arandis agris utamur: unde Columella lib. VII. iumenta et armenta nomen a re traxere, quod nostrum laborem vel onera subvectando vel arando iuvarent.*' Legitur locus in nostri lib. VI. praefatione, non in libro VII., qua de differentia infra agendum est. Nunc statuisse satis habeo nostrum non alium quendam Columellam a scholiasta designari, ceterum ad scriptoris fata describenda nihil novi colligi. In Pelagonii arte veterinaria[107] legimus: § 21 'Item ad morbum Columellae auctoris'; § 32 'Item potio incomparabilis Columellae'; § 108 'Ad tussem Culumellae'; § 162 'aliud Columellae'; § 307 'Item aliud Columellae'.

Testimoniis ex rei rusticae libro sexto allatis scriptorem nostrum laudari Ihm demonstravit.[108]

Pelagonio fere aequalis Vegetius, mulomedicinae auctor,[109] cum alia tum haec praefatus est, praef. § 2 sq.: '*Licet proxima aetate et Pelagonio non defuerit et Columellae abundaverit dicendi facultas, verum alter eorum, cum rustica praecepta conscriberet, curas animalium levi admonitione perstrinxit: alter omissis signis causisque morborum tam magnae rei fundamentum neglexit.*'

Pelagonium Vegetio non multo priorem esse supra commemoravi. Quid vero faciamus Columellae proxima Vegetii aetate florenti? Num quarto p. Chr. saeculo minorem Columellam exstitisse credamus? Obstant Servius, Pelagonius, Columella Vegetiusque ipsi, Cassiodorius. Vidimus enim Servii Pelagoniique testimonia nostri ad libros redire. Suis temporibus eiusdem nominis auctorem vivere nullo verbo significant. Accedit, quod re vera primi p. Chr. saeculi scriptor rusticus totam rei rusticae disciplinam uno opere complexus curas animalium non ab omni parte tractavit. Adde, quod Vegetius vir ingenuus atque litteratus est neque igitur quisquam Columellam iuniorem post Pelagonium vixisse, nostri a Pelagonio laudati memoriam Vegetium fefellisse dicat.

Postremum duplicis, ut ita dicam, Columellae ne post Vegetium quidem memoria exstat. Nostrum enim Columellam manifesto designat Cassiodorius, institutionis divinarum litterarum auctor; qui capite duodetricesimo, postquam clericos haud ingeniosos rei rusticae operam dare iussit, hoc modo pergit: '*Quodsi huius studii requirantur auctores, de hortis scripsit pulcherrime Gargilius Martialis . . . Pari etiam modo in agris colendis, in apibus, in columbis nec non et in piscibus alendis inter caeteros Columella et Aemilianus auctores probabiles extiterunt. Sed Columella sexdecim libris per diversas agriculturae species eloquens ac facundus illabitur, disertis potius quam imperitis accommodus; ut operis eius studiosi non solum communi fructu sed etiam gratissimis epulis expleantur. Aemilianus etiam facundissimus explanator duodecim libris de hortis vel pecoribus aliisque rebus plenissima lucidatione disseruit, quem vobis inter alios lectitandum (Domino praestante) reliqui.*'

Cum Vegetio Cassiodorius laudat Columellae eloquentiam, operis summam haud male describit, Aemiliani, id est Palladii, libros stolidorum clericorum intellectui aptiores esse non immerito asserit. Omnia igitur momenta nostrum ad Columellam quadrant excepto numero librorum, de quo infra agam. Itaque Vegetii verba '*proxima aetate*' ad Pelagonium modo spectare concludimus.

Hic subsistamus. Iam enim pervenimus ad tempora monachorum, qui antiquorum scriptorum libris describendis operam navaverunt. Posteriorum temporum viri docti ex codicibus modo antiquarum rerum hominumque doctrinam sumpserunt. De scriptoris nostri nomine, ortu, vita nihil novi docent. Mittamus ergo Isidorum,[110] mittamus Theodorum Bezam.[111] Hanc capitis summam statuimus:

Scriptores Romani inde a Plinio maiore mentionem faciunt Columellae, scriptoris rei rusticae. Unum tantum auctorem hoc nomine appellatum noverunt, Varrone iuniorem,[112] Palladio seniorem,[113] qui facunde non modo de agro colendo sed etiam de pecudibus apibus, columbis piscibus egit.

Caput III.

Quid de Columellae vita tituli doceant, quaeritur.

Perlustratis et Columellae et ceterorum libris aggrediamur ad titulos, quo ex numero ad propositum pertinet C I L IX 235:

L. Iunio L. f. Gal.
Moderato Columellae
trib. mil. leg. VI. ferratae.

Lapis sexto decimo p. Chr. saeculo in fundamentis novae aediculae S. Cataldi templo archiepiscopali repertus periit; titulum servavit Pacichellius. Appellatur homo nomine cum scriptore nostro coniunctissimus. Ne quis aliqua de causa Columellae nominibus ex codicibus sumptis titulum subditum esse credat, monet Grotefend,[114] quem secuti rei rusticae scriptorem legionis VI. ferratae tribunum militum fuisse censebimus, nisi forte cum eis, quae supra enarravimus, titulus discrepabit. Quod lapis ipse non servatus est, maxime dolemus, cum aliis temporis ortusque tituli circumscribendi instrumentis careamus. Sola verba a Pacichellio exscripta habemus. Nominatur Lucius quidam, Lucii filius. Cum patris nomen additum sit, de homine ingenuo non servo libertove agitur, qui, ut est tribulis Galerius civitatem Romanam habet.[115] Ex tribu Galeria Gaditanos fuisse tituli testantur.[116] Deinde homo, de quo agitur, legionis sextae ferratae tribunus militum fuit. Tribunatu militari qui fungerentur alii in comitiis tributis creabantur alii a consule aut ab imperatore nominabantur.[117] Appetebant munus adulescentes vel senatorii vel equestres, qui ad rem publicam nondum accesserant.[118] Singulos per annos munere functi tribuni militia se abdicabant. Ex Octaviani temporibus duae legiones VI. exstabant, altera ferratae altera victricis cognomine appellatae. Ambas et in legionum indice Cassius Dio numerat,[119] et Tacitus annalium historiarumque auctor memorat.[119] Legionem sextam ferratam in Syria locatam fuisse non modo Cassius Dio tradit sed etiam inscriptiones confirmant.[120] Sed nostrum ad tribunum militum redeamus. Spectat ergo titulus ad L. quendam Iunium Moderatum Columellam, Lucio patre ortum, tribulem Galerium, qui in Suria tribunatu militari legionis sextae ferratae functus est. Dedicatus fuit titulus Tarenti in oppido Calabriae. Auctor noster L. Iunius Moderatus Columella in finibus Gaditanis haud humili genere natus tribulis Galerius fuit. In Syria quondam sese versatum esse ipse memorat.[15] Quo ut sua negotia gesturus proficisceretur, qui factum sit, adhuc nemo demonstravit. Immo vero munere aliquo fungentem eum Asiam visitasse iam Gessner coniecit.[121] Ut tribunatu functos rem publicam capessere licuit, ita adulescentes, quominus relicta militia rusticationi se darent, non impediti sunt. In legione VI. ferrata Hispanos stipendia meruisse ex inscriptionibus intellegitur.[122] 'At Columella omnino non dignus fuit, qui tribunatu militari fungeretur. Supra enim legimus maiores scriptoris in servitute fuisse.' At primum utrum cognomen Columellae maiorum servituti debeatur necne dubium est. Deinde patruus scriptoris, illustris atque eruditus agricola, si non ingenuitate at certe libertinitate usus est. Usque ab avo ergo nisi forte a proavis libertatis heres rei rusticae praeceptor est. Efficitur nihil obstare, quominus aut in equestri aut in senatorio ordine eum fuisse credamus.[123] Neque igitur habemus, cur tribunatus militaris honore Columellam indignum censeamus.

Ac ne id quidem mirum est, quod lapis, de quo agitur, Tarenti exstabat, ubi nostrum versatum esse neque in ipsius neque aliorum in libris narratur. Monuit enim me Cichorius praeceptor dilectissimus, Tarentum contingi a via Appia, qua Asiam petituri Roma Brundisium proficiscebantur. Tarentum ergo venit Columella et, cum ad munus suscipiendum in Asiam profectus est, et, cum stipendio functus in Italiam rediit. Titulus noster honorarius[124] spectat ad hominem, qui ad dignitatis gradum tribunatu militum altiorem nondum transductus est. Columellam ut rusticationi vacaret, a re publica procul aetatem egisse supra exposuimus. Iam ergo coniecturam faciamus: Ex eo, quod enarravi, efficitur cogiturque Columellae in Italiam reverso ab amico Tarentino, cui aut carus exspectatusque venit aut commilito fuit, elogium honorarium esse positum.[125]

Haec de Columellae vita enaravisse satis habeo. Iam ad libros nostri animum convertamus.

II.

De Columellae scriptis.

Caput I.

Librum de arboribus a Columella iuvene compositum esse demonstratur.

Tredecim Columellae libros qui exstant non unius operis partes esse primus vidit Iucundus, qui Aldinae editioni adornandae praefuit.[126] Nempe tertium corporis librum, qui inscribitur de arboribus, a ceteris separandum esse intellexit. Argumenta haec sunt: Primum duo corporis libri, tertius et quartus pari modo adnexi sunt ad agriculturae praecepta,[127] quae in secundo libro leguntur. Non utrumque suo loco positum esse apparet. Librum de arboribus iniuria tertium locum usurpasse documento sunt verba: '*Quoniam de cultu agrorum primo volumine* etc.' Secundus ergo operis cuiusdam liber est.[128] Deinde omnia fere, quae liber de arboribus continet, in tribus quae sequuntur voluminibus repetuntur. Tum ceteri libri missi sunt ad Publium Silvinum, cuius in libro de arboribus ne vestigium quidem invenitur. Postremum non nisi eiecto de arboribus libro ei loci, ubi auctor ipse librorum numeros citat, cum corporis ordine congruunt.[129] Iure ergo viri docti, qui post Iucundum Columellae libris edendis operam navaverunt, librum de arboribus tertio loco depulerunt duodecimque librorum, qui restant, corpori adiunxerunt, cum librum non subditicium sed genuinum esse codicibus nixi arbitrarentur. Nos vero, quoniam de Columellae libris uberius agere coepimus, utrum noster de arboribus librum composuerit necne paullo accuratius inquiramus.

Ac primum quidem Columellae cuiusdam ex libris sese

excerpsisse testatur Plinius, quae legimus non in duodecim voluminum corpore, sed in libri de arboribus capite nono.[130]

Unum tantum Columellam testem a Plinio laudari supra exposuimus. A nostro ergo Columella liber originem accepit. Dicet aliquis me ipsum verba fecisse de Columella maiore, scriptoris patruo, illustrissimo Hispaniae Baeticae agricola; videri a Plinio compilatore Gaditanum libri de arboribus auctorem cum Caeretano duodecim librorum scriptore confusum esse. Talia qui proferat magno in errore versetur. Fugit enim eum libri de arboribus caput vicesimum septimum, ubi omne genus surculi omni generi arboris inseri posse auctor docet, quam rationem a se inventam esse narrat Columella noster r. r. V 11, 12. Nostrum tanta patrui admiratione affectum fuisse, ut eius doctrinam, usum, artificia summis laudibus efferret, priore dissertationis parte enarravi. Neque ergo habemus, cur eum a se inventa esse affirmare credamus, quae iam patruus Gaditanus exercuerat. His expositis librum de arboribus Columellae deberi et bis eum de re rustica egisse constat. Alterius operis unum tantum libellum alterius duodecim volumina codices continent.[131] Quodsi re vera de arboribus librum Columella scripsit, utrum opus rusticum prius composuerit, exsistit quaestio. Quam quo accuratius diiudicemus, librum de arboribus cum maioris operis tertio, quarto, quinto voluminibus, quae easdem res tractant, comparemus.

Libri de arboribus dispositio haec est: Primum Columella Vergilium imitatus genera surculorum enumerat — cap. 1, § 1—2 —, deinde de vitibus colendis agit — usque ad cap. 16 —, tum oleae culturam praecipit — cap. 17 —, tum de arboribus pomiferis verba facit — usque ad cap. 25 —, tum omnem surculum omni arbori inseri posse docet — capitibus 26 et 27 —, postremum quae ad cytisum, salicem, genistam, arundinem, flores pertineant addit — cap. 28, 29, 30 —. Ne praecepta lecturorum animos urbanae vel obscurae doctrinae additamentis perturbaret, auctor quam diligentissime cavit. Ipsum neque Romanorum neque exterorum litterarum tum rudem fuisse, infra accuratius disseram. Ab auctoribus nominatim laudandis se abstinet, cum non quis praescribat sed quid praescribatur agricolarum interesse censeat. Quare Vergilii[132] Magonisque[133] nomina attulisse satis habet, quorum opera omnibus rusticis legenda esse iudicat.[134] Ceterum Poenorum,[135] quorundam,[136] suae aetatis agricolarum,[137] antiquorum,[138] Graecorum[139] testimoniis se niti affirmat. Contra maius opus cum componeret, plane diversam rationem secutus de arboribus tribus libris egit, hac dispositione usus:

Primum Vergilii verbis '*hactenus arvorum cultus*' usus Publiumque Silvinum allocutus ad libros qui praecedunt redit — r. r. III cap. 1, § 1 —. Deinde Vergilii verbis nixus arborum genera discernit et vitium culturam praecipit. Attici, Celsi, Graecini sententias examinat, accipit, refellit, quae se Silvinumque usus docuerit, affert, quae ipse invenerit artificia et instrumenta, narrat, errores vulgatos redarguit, a libri de arboribus praeceptis nonnunquam dissentit[140] — r. r. III, IV, V 1—7 —. Tum oleae cultum docet — r. r. V 8 et 9 —; rationem pomiferarum arborum explicat — cap. 10 —; omnem surculum omni arbori inseri posse demonstrat — cap. 11 —; postremum de cytiso verba facit — cap. 12.

Summa cum diligentia testes laudat,[141] aequales maiores, scriptores usus magistros. Nihil legimus de floribus, qui decimo undecimoque libris tractantur.

Utramque dispositionem qui perlustraverit, intelleget libro de arboribus et breviter arbores tractari neque sententiarum auctores, testes, adversarios citari, tribus maioris operis libris praecepta fuse enarrari et defendi, aliorum sententias diligenter probari, agricolarum scriptorumque sententiis testium nomina addi.

Cuius rei cum causas quaererem, primo duas in contrarias sententias distractus sum, mox alteram refellendam esse intellexi. Brevius enim illud Columellae opus rusticum, cuius secundus liber memoriae traditus est, aut maioris operis epitomam vel a Columella sene vel ab alio quodam in usum agricolarum vilicorumve litterarum non imperitorum confectam aut a iuvene scriptore, antequam duodecim libros ad Silvinum misit, compositum esse iudicari potest. Librum de arboribus ne epitomae partem esse censeamus, vetat Plinius Secundus, de quo ultimo capite verba facturus sum. Accedit, quod auctor, quae in epitomas cogenda esse censebat, ipse undecimo duodecimoque libris collegit.[142] Adde, quod, quae libri de arboribus undetricesimo et tricesimo capitibus de salice arundine, viola rosa adduntur, non quinto libro subiuncta sed per quartum, decimum, undecimum libros dispersa sunt. Epitomator, cur, quae quarto libro legerat, post cytisi cultum poneret, non habuit; Columella, cum quarto libro de vineae pedamentis ageret, quae antea cytiso postposuerat, asseruit, florum culturam decimo libro enarraturus rosam et violam quinto e libro bono consilio eiecit.

Quid plura? Librum de arboribus prioris operis particulam esse apparet. Itaque nova praecepta, ubicumque a prioribus discrepant, scriptorem usu vel aliorum doctrina commotum opinionem priore opere prolatam abiecisse demonstrant. Deinde magna locorum vis exstat, quibus is priorem sententiam repetit satisque multis argumentis defendit Attici, Celsi, Graecini sententiis adversatus. Quare facio cum Stadlero, qui Columellae prius opus rusticum antequam Celsus encyclopaediam composuit publici iuris factum esse coniecit.[143] Cornelius Celsus,[144] in quo nititur Iulius Graecinus[145] Caligula imperatore supplicio affectus, tertio p. Chr. decennio quinque encyclopaediae libris rem rusticam tractavit. Quo paullo maior fuit Iulius Atticus vitium culturae auctor.[146] Hos ergo scriptores Columella iuvenis rei rusticae auctor antecedit. Neque multo ante tricesimum nostrae aerae annum opus rusticum composuisse videtur. Iam enim Hispaniam reliquit, ubi patruo praeceptore eum rem rusticam didicisse scimus. Nonnullos iam per annos in Italia agros coluit.[147] Iam tribunatu militari functus est.[148] Circa nostrae aerae initium eum natum esse inde concludo, quod usque ad Vespasiani tempora libris scribendis operam dedit.[149] Cum triginta annorum spatio duo rustica Columellae opera inter se distent, iam missa facienda sunt, quae de conexu eorum coniecit Pontedera.[150] Librum de arboribus secundum operis volumen esse scimus. Ut tertium tomum adderet, in animo se habere ne verbo quidem significat. Quibus argumentis confisus vir doctus statuit Columellam, cum duos libros alterum de agricultura alterum de arboribus compositos benigne accipi vidisset, statim eandem rem quinque libris fusius atque accuratius tractasse et tum demum libro sexto rem pecuariam praecepisse. Tam arte duo opera inter se non cohaerere cum viderimus, posterioris operis curam sequens in caput differamus, nunc, quo iure iuvenis ad praecepta rustica scribenda se applicuerit, inquiramus.

Columella adulescens re rustica imbutus est a patruo Gaditano. Deinde Ciliciam Syriamque vidit, tum in Italia domicilium comparavit. Sequitur quattuor terrarum conditiones eum novisse. Accedit, quod, ut erat familia haud ignobili, Graecorum Romanorumque doctrina animum excoluerat.[151] Adulescentem enim non virum aetate provectum Ciceronum Acciorum, Platonum aliorum ad libros pertractandos se dedisse, Protogenum aliorumque artes admirari coepisse arbitror, de quibus verba facit maioris operis praefatione prima.[152] Vergilium ipso libri de arboribus prooemio laudat,[153] Magonem, cuius rustica praecepta senatusconsulto in linguam Latinam translata erant, capite septimo decimo citat. Quid? quod Aegyptiacae gentis auctoris memorabilis Boli Mendesii, commenta, iam adulescens perscrutatus est![154] Quid mirum, si homo nobilis bene eruditus, a puero rusticationis amantissimus, qui inter vicinos longe praestabat, ad rustica praecepta componenda se applicuit? Accedit, ni fallor, quod patresfamilias a vita rustica se revocare aratrisque relictis intra muros correpere videbat.[155] Itaque, ut ad novam spem agricolas excitaret et ad pristinum morem cives reduceret, rusticam disciplinam praecipiendam sibi proposuit. Uno ergo volumine agriculturam docuit, uno de arboribus egit. Utrum duobus libris confectis satis habuerit necne, Plinio adiutore infra dispiciemus.[156]

Caput II.

Duodecim rei rusticae libri describuntur.

Non frustra noster praecepta rustica publici iuris fecit. Nam Columellam secuti tres rei rusticae praecones exstiterunt: Iulius Atticus, Cornelius Celsus, Iulius Graecinus.[157] Ac primum quidem Iulius Atticus, quoniam in Italia vitium cultura tunc aut sola aut maxime fructuosa erat,[158] de vinea modo scripsit.[159] Deinde Cornelius Celsus ἐγκυκλίου operis auctor totum rei rusticae corpus quinque libris complexus est.[160] Tum utriusque operibus nixus[161] Iulius Graecinus, Agricolae pater, duobus libris vitium curam enarravit. Nec non Columella ipse, ut multos per annos agris colendis deditus in re rustica summopere profecit, ita litterarum scientiae studuit. Libris tum compositis astrologorum ariolationes sese oppugnasse ipse memorat.[162] Idem domicilium mutavit. Primum enim in agro Ardeatino habitavit, deinde in Albano, tum in Carseolano agro praedia emit, postremum in Caeritum finibus sedem collocavit. Omnes ergo suburbanae regionis conditiones cognovit. Idem multos per annos in Italia versatus et rusticis et litteratis hominibus familiariter utebatur. Idem, ut iam iuvenis rei rusticae doctrina praeter vicinos floruerat, ita aetate provectus permagnae peritiae famam consecutus est. Idem, ut prius suum opus rusticum obsoletum esse intellexit, ita neque cum Attico, Celso, Graecino neque cum agricolarum opinione plane consensit. Quid mirum, si Publii Silvini, agricolae finitimi, precibus obsecutus[163] nova rusticationis praecepta edere statuit? Atque tum quidem decem libris omnes rei rusticae disciplinas enarrare animum induxit.[164] A fundi dispositione primo libro profectus secundo volumine agri culturam, tribus libris surculorum curam, duobus rem pecuariam, duobus villaticas pastiones, uno volumine horti culturam tractare decrevit. Totum opus rei rusticae libros inscripsit.[165] Obsoleti operis nostrum non facere mentionem iam dixi. Tamen eum prioribus praeceptis magna ex parte niti constat. Quae ex praeceptis triginta annis ante compositis novam in editionem transtulerit, eodem ordine repeti supra iam significavi. Qua ex parte pristinam opinionem retinuerit, qua ex parte sententiam mutaverit, quo facilius perspicias, libri de arboribus triumque alterius operis voluminum surculorum curam continentium ordines de integro inter se comparemus.

de arboribus:	r. r.:
cap. 1. '*Quoniam de cultu agrorum abunde primo volumine praecepisse videmur, non intempestiva erit arborum virgultorumque cura, quae vel maxima pars*	III. cap. 1. '*Hactenus arvorum cultus, ut ait praestantissimus poeta . . . P. Silvine . . . Sequitur arborum cura, quae pars rei rusticae vel maxima*

de arboribus:

habetur rei rusticae. Placet igitur, sicut Vergilio, nobis quoque duo esse genera surculorum, quorum alterum sua sponte gignitur, alterum cura mortalium procedit. Illud, quod non ope humana provenit, materiae est magis aptum, cui labor adhibetur, idoneum fructibus. De hoc itaque praecipiendum[168] *est atque id ipsum genus tripartito dividitur, nam ex surculo vel arbor procedit, ut olea, ficus, vel frutex, ut rosae, arundines vel tertium quiddam, quod neque arborem neque fruticem proprie dixerimus, sicuti est vitis. Arborum et fruticum docebimus cultum, si prius de vitibus praeceperimus.*

r. r.:

est. Earum species diversae et multiformes sunt, quippe varii generis (sicut auctor idem refert), "nullis hominum cogentibus ipsae sponte sua veniunt"; multae etiam nostra manu satae procedunt. Sed quae non ope humana gignuntur silvestres ac ferae, sui cuiusque ingenii semina gerunt. At quibus labor adhibetur, magis aptae sunt frugibus. De eo igitur prius genere dicendum est, quod nobis alimenta praebet. Idque tripartito dividitur. Nam ex surculo vel arbor procedit, ut olea, vel frutex, ut canna[166] *campestris vel tertium quiddam, quod nec arborem nec fruticem proprie dixerim, ut est vitis.*

§ 3. *Hanc'* (vitem) *'nos ceteris stirpibus iure praeponimus non tantum fructus dulcedine sed etiam facilitate, per quam omni paene regione et omni declinatione mundi . . . . curae mortalium respondet . . .*

§ 4. *Refert tamen, cuius generis aut quo habitu vitem pro regionis statu colere censeas . . .* § 8. *At si voto est eligendus vineis locus et status caeli, sicut censet verissime Celsus, optimum solum . . .* § 9 *simodo credimus Vergilio dicenti: "Salsa autem tellus . . ."*

cap. 2. *Vitis autem vel*

de arboribus: r. r.:

ad escam vel ad effusionem deponitur. Ad escam ... § 3. *At ubi vino consulimus, vitis eligitur, quae* . . . § 24. *Albuelis utilior, ut ait Celsus, in colle quam in campo.* § 25. *Tertium gradum facit earum Celsus* ... § 28. *Nam has nuper mihi cognitas, pergulanam dico et irtiolam fereolamque, non facile asseverem, quo gradu habendae sint: quod etsi satis fecundas scio, nondum tamen de bonitate vini, quod afferunt iudicare potui.* § 29. *Multa praeterea sunt genera vitium, quarum nec numerum nec appellationes certa fide referre possumus. "Neque enim", ut ait poeta, ' numero comprehendere refert .. "* § 31. *Quare prudentis magistri est eiusmodi nomenclationis aucupio, quo potiri nequeant, studiosos non demorari, sed illud in totum praecipere, quod et Celsus ait et ante eum M. Cato . . atque ubi multa invitabunt regionis commoda, ut nobilem vitem conseramus, generosam requiremus, inquit Iulius Graecinus* . . . *Sed de hac sententia suo loco mox dicam.*

cap. 3. *Nunc, priusquam de satione vitium disseram, non alienum puto quoddam fundamentum iacere disputationi futurae, ut ante perpensum et exploratum habeamus, an locupletet patrem familias vinearum cultus* . . . § 2. *nam de arbusto etiam inter auctores non exigua pugna fuit, abnuente Saserna genus id ruris, Tremellio maxime probante, sed et hanc sententiam suo loco aestimabimus . . . iam M. Cato et mox Terentius Varro prodidit, singula iugera vinearum sescenas urnas vini praebuisse.* § 3. *Sed Nomentana regio nunc celeberrima fama est illustris . . . nam illa videntur prodigialiter in nostris Caeretanis accidisse* . . . § 4. *Cur ergo res infamis est? non quidem suo sed hominum, inquit, vitio, Graecinus* . . . § 7. *sed ut Grae-*

de arboribus:	r. r.:
	cinus, minimum computans licet, inquit, amphoras vicenas percipient ex singulis iugeribus . . . Nec in hoc errat . . . § 8. *sed ego plurimorum opinioni dissentiens pretiosum vinitorem in primis esse censeo . . .* § 9. *secundum opinionem Graecini . . .* § 11. *Atque hic calculus, quem posuimus, Graecini rationem continet. Sed nos . . .* § 12. *Neque id cuiquam dubium esse debet, cum et nostram et Iulii Attici rationem dispunxerit. nos enim . . . ille . .*
cap. 1, § 3. *Qui vineam vel arbustum constituere volet, seminaria prius facere debebit: sic enim sciet, cuius generis vitem positurus sit. nam quae pretio parata disponitur, certam generositatis fidem non habet, quoniam dubium est, an is, qui vendidit, legendis seminibus adhibuerit diligentiam . . .'*	cap. 4. *Cui vineta facere cordi est, praecipue caveat, ne alienae potius curae quam suae credere velit, neve mercetur viviradicem. Sed genus surculi probatissimum domi conserat, faciatque vitiarium, ex quo possit agrum vineis vestire. nam quae peregrina ex diversa regione semina transferuntur, minus sunt familiaria nostro solo. Sed nec certam generositatis fidem . . . cum sit incertum an . . . diligenter . . .'*

Hic subsistamus. Iam enim satis firmum fundamentum comparationis iecisse mihi videor: Columella, ut de priore opere rustico Silvinum omnino celat, ita ipse pristinum ordinem verbaque pristina quam maxime potuit, servavit. Ut ad Attici, Celsi, Graecini praecepta responderet, magnos excursus expositioni inseruit; quae ipse antea paucis verbis significaverat, tum accurate enarravit; novas quaestiones, quas iuvenis neglexerat, senex diligenter tractavit. Neque in aequalium praeceptis acri subtilique iudicio percensitis acquievit. Immo vero Catonis, Varronis, Sasernarum, Tremellii, Vergilii libros in consilium adhibuit. Quae ipse usu nondum exploraverat, nec laudare nec damnare ausus est. Atque cum non sine fructu ambo arborum curae exordia inter se comparasse videamur, iam vertamur ad contendendas eas praeceptorum partes, quae Columellam neque a corrigendo narrationis ordine neque ab iudicio commutando abhorruisse demonstrant.

de arboribus:	r. r.:
cap. 3, § 1. '*Semina autem eligito grandi acino, tenui folliculo, paucis minutisque vinaceis, dulci sapore.*'	III. cap. 6. § 1. '*Sed electio dupliciter facienda est, non enim solum fecundam esse matrem satis est . . ., sed adhibenda ratio est subtilior, ut ex his partibus trunci sumantur, quae et genitales sunt et maxime fertiles.*' — Matris fecundae descriptio quattuor capita, VI—IX occupat. Cui parti inserta sunt notationis, quae vocatur, praecepta:
cap. 2. '*sunt autem optima*' (semina) '*quae de vitibus notatis leguntur. nam, cui cordi est bona seminaria facere, circa vindemiam vites, quae et magnum et incorruptum fructum perduxerunt,*[168] *rubrica . . . denotat, nec*[167] *hoc uno tantummodo anno facit sed continuis tribus vel pluribus vindemiis easdem vites inspicit . . .*'	III. cap. 6, § 4. '*Tale porro genus non una comprobatur vindemia . . . Sed ubi plurimis velut emeritis annorum stipendiis fides surculo constitit, nihil dubitandum est de fecunditate. nec tamen ultra quadriennium talis extenditur inquisitio: id enim tempus fere virentium generositatem declarat, quo sol in eandem partem signiferi per eosdem numeros redit, per quos cursus sui principium coeperat. quem circuitum meatus dierum integrorum mille quadringentorum sexaginta unius ἀποκατάστασιν vocant studiosi rerum caelestium.*'

Pergit Columella:

de arboribus:

cap. 3, § 1. '. . . *sapore. Optima'* (semina) '*habentur a lumbis, secunda ab humeris, tertia a summo vertice vitis lecta,*[168] *quae celerrime comprehendunt et sunt feraciora, sed aeque*[168] *celerrime senescunt.*'

r. r.:

III. cap. 10, § 1. '*feracissima autem semina sunt, non, ut veteres auctores tradiderunt, extrema pars eius, quod caput vitis appellant, id est ultimum et productissimum flagellum: nam in eo quoque falluntur agricolae'* — adduntur argumenta — . . . § 8. '*Nos autem primum rationem secuti, nunc etiam longi temporis experimentum non aliud semen eligimus . . ., nisi quod . . . nam . . .* § 18. *Et nos sequamur in vitibus hanc ipsam rationem tanto quidem magis, quod compertum habeamus, naturali quadam malignitate desciscere interdum quamvis diligenter probata semina: idque nobis poeta velut surdis veritatis indulget dicendo:* "*Vidi lecta diu . .*" . . § 20. *itaque huius rationis demonstratorem magis esse me quam inventorem libenter profiteor: ne quis existimet fraudari maiores nostros laude merita . . .* § 22. *Atque haec et forsitan pluribus dicta sunt, quam exigebat ratio veritatis, minus tamen multis quam postulabat prave detorta et inveterata opinio rusticorum.*'

Tertii capitis paragraphi quae sequuntur varia praecepta ad semina et habitum soli pertinentia continent. Ul-

Respondent huic fini vicesimi primi capitis verba ultima: '*Haec de positione vinearum. Superest pars antiquissima, ut*

de arboribus:	r. r.:
tima capitis verba haec sunt: '*Et quoniam de seminibus atque habitu soli praecepimus, nunc de genere vinearum disputabimus.*'	*praecipiamus etiam cultus earum, de quibus sequenti volumine pluribus disseremus.*'

Itaque Columella, quae antea paucis paragraphis leviter attigerat, undecim capitibus Silvino accurate descripsit. Ad tractationis dispositionem capite quarto cum amico communicatam reversus,[169] capite undecimo pastinationem contigit hisce verbis: '*Nunc ad reliquum ordinem propositae dispositionis redeo. Sequitur hanc eligendi malleoli curam pastinationis officium, si tamen ante de qualitate soli constiterit.*' Ne tum quidem a proposito non digreditur. Declinationes enim breves legimus r. r. III. cap. 11, § 1—4: '*ac priusquam ipsam perspiciamus illud antiquissimum censemus, rudem potius eligendum agrum . . .*' et r. r. III. cap. 11, § 5—6 '*at ubi pura novalia arboribus sunt libera . . .*' Tum demum ad propositum Columella se revocat. Ex tractatione quae sequitur, haec exscripsi verba:

§ 8. '*ut mea fert opinio . . . Hyginus quidem secutus Tremellium . . . me non dissentiente.* § 9. . . . *ut ait Iulius Atticus . . .* § 10. *ut idem Atticus ait . . . . .* cap. 12, § 1. *Sed ne nunc per infinitas terreni species evagemur, non intempestive commemorabimus Iulii Graecini velut formulam . . .* § 5. *quae cuncta (sicut ego reor) magis prosunt, cum suffragetur etiam status caeli: cuius regionem quam spectare debeant vineae, vetus erat dissensio, Saserna maxime probante . . . . Tremellio Scrofa . . censente . . . Vergilio . . Democrito et Magone . . Nobis in universum praecipere optimum visum est . . .*' Capite tertio decimo pastinatio absolvitur. Octo quae sequuntur capita ad opus vineae conserendae pertinent. Iulii Attici et Cornelii Celsi sententias scriptor saepe in controversiam vocat, cf. e. g. cap. 18, 2: '*Vitiosa est, ut mea fert opinio, Iulii Attici satio, quae contortis capitibus malleolum recipit, eiusque rei vitandae non una ratio est.*' Prioris operis dictionem expressis verbis corrigit:

de arboribus:	r. r.:
cap. 1, § 5. '*Ipsum autem agrum, quem seminario destinaveris, planum et succosum sat*	III. cap. 18, 1. '*Pastinum vocant agricolae ferramentum bifurcum, quo semina pangun-*

de arboribus:	r. r.:
erit bipalio vertere: quod vocant rustici sestertium. ea repastinatio altitudinis habet . . .'	*tur. unde etiam repastinatae dictae fuere vineae veteres, quae refodiebantur. haec enim propria appellatio restibilis vineti erat: nunc antiquitatis imprudens consuetudo quicquid emoti soli vineis praeparatur, repastinatum vocat . . . .'*

Hactenus amborum operum verba inter se comparasse satis habeo. Iam enim scriptorem et ordini narrationis emendando et ipsius erroribus corrigendis operam dedisse apparet. Eum non ab ordine proposito profectum tractationem aggressum esse sed narrationis particulas novo in ordine disposuisse vel neglecto libro de arboribus ex pastinationis loco cognoscimus, quam primum electioni asserere voluit, tum qualitati soli ex Graecini fide describendae postposuit. Atque ne perfecta quidem materiae partitione ab egressionibus interponendis eum abstinuisse concedes, si undecimi capitis tertii libri memineris. In erroribus correctis duos locos numero, quorum alter ad notationem alter ad pastinationem pertinet. Utrumque supra exscripsi.

Quae cum diligenter considerarem, hoc modo duodecim rei rusticae libros ortos esse intellexi:

Atticus, Celsus, Graecinus multa praeceperunt, quae Columella iuvenis plane omiserat. Multis de rebus a Columella dissenserunt. Immo vero sententiam eius non semel impugnaverunt. Quibus causis commotus Columella suorum praeceptorum rusticorum exemplum redintegratis curis rescribere et corrigere coepit. Digressionibus magnis ad aequalium praecepta spectantibus operis circuitus per multos annos admodum auctus est. Accedit, quod ipse, cum longo temporis spatio et in rei rusticae usu et in litterarum cognitione mirum quantum profecisset, quaestiones attingere potuit, quas priore opere omnino non curaverat. Itaque, cum Silvinus ab ipso postularet, ut praecepta rustica ederet, materiae partitione facta decem libris rusticationis curam enarrare sibi proposuit. Quo facto praeceptorum editionem ultimam septimo nostrae aerae decennio aggressus est. Silvini expectationi quo citius satisfaceret, singulos libros ei misit, cum totum opus non unius anni spatio sed longo tempore confectum iri animo praesentiret.[170] Atque cum surculorum praecepta maxime augenda esse videret, tres libros eis destinavit ita, ut vitium cultura dextantem expleret, cetorum surculorum cura sexta parte contineretur.[171] In ipso opere conficiendo ut propositam partitionem secutus pristinum ordinem praeceptorum non semel soluit, ita vel sua sponte vel amico auctore a proposito digressus est.[172] Immo vero tantopere amicis favit, ut eorum causa genus orationis mutaret. Primum enim in animo habuit, ut ultimo operis libro a priorum scriptorum vestigiis digressus horti culturam a rusticis scriptoribus neglectam describeret. Tum vero Silvino et Gallione auctoribus Vergilium aemulatus horti praecepta versibus mandavit.[54]

Exactum ergo erat decem librorum opus carmine coronatum. 'Decem? At antea Columellam duodecim librorum opus composuisse hariolatus es!' At verum dixi! Qua de causa duos libros noster addiderit, iam, si placet, videamus.

Horti curam Columella invitus in carmen contulit, cum eum se non esse bene intellegeret, qui elegantibus versibus praecepta rustica traderet. Neque in malam partem accepit preces Claudii Augustalis, qui ab ipso petivit, ut cultus hortorum prosa oratione componeret. Atque ut carmen didacticum propositum non assecutum est, ita totum decem voluminum corpus agricolis non utile fuit. Vilicorum vilicarumque, quibus tum Romani nobiles plurimi fundos administrandos relinquebant, a cognitione omnis fere tractatio procul erat. Quae desideria ut expleret, Columella duo volumina corpori rustico addenda esse censuit. Altero vilici usui destinato primum boni vilici notionem et formam descripsit, deinde, quae singulis semimenstruis vilico facienda essent, ex decem librorum corpore excerpsit,[173] tum Claudii Augustalis gratia horti culturam soluta oratione tractavit. Rudi intelligentiae multo etiam accomodatior est liber duodecimus in vilicae usum scriptus. Etenim cum in undecimi capite secundo librorum adversus astrologos compositorum mentio proferatur et in tertio capite Boli Mendesii Aegyptii testimonium adhibeatur,[174] duodecimus liber testimoniorum aestimatione caret. 'At laudantur Magones, Hamilcares, Mnaseae, Paxami, Ambivii, Licinii, Matii.'[175] At Magonis libri senatus iussu in linguam Latinam translati sunt. Qua ex epitoma omnibus rusticis trita Hamilcaris nomen agrestibus Romanis notum fuisse cum Reitzensteino conicio.[176] Romanorum laudatorum opuscula ruricolis notissima in illis Mnaseae atque Paxami nomina commemorata fuisse arbitror. Ceterum haec nomina non nisi augendae praeceptorum autoritatis causa addita sunt. In vilicae libro componendo auctorem, ne scripta furandi incusaretur, non cavisse vel inde apparet, quod, cum magnas partes Oeconomici Xenophontei a Cicerone in Latinam linguam versi ad verbum transscriberet, ter Xenophontem Ciceronemque laudasse satis habuit.[177]

Haec fere habui, quae de Columellae duodecim libris rusticis dicerem. Materiam exhaurire nec volui nec potui. Elocutionis pleniorem descriptionem a doctioribus paratum iri speramus. A praeceptorum rusticorum aestimatione ego philologus me abstineo. Mihi librorum descriptione finita restat ut verba faciam de indice a Columella ipso memorato. Legimus enim r. r. XI 3, 65: '*Hactenus praecipiendum existimavi de cultu hortorum et officiis vilici; quem quamvis instructum atque eruditum omni opere rustico esse oportere prima parte huius exordii censuerim, quoniam tamen plerumque evenit, ut eorum, quae didicerimus, memoria nos deficiat, eaque saepius ex commentariis renovanda sint, omnium librorum meorum argumenta subieci, ut cum res exegisset, facile reperiri possit, quid in quoque quaerendum et qualiter quidque faciendum sit.*'

Hunc indicem decem maioris operis libros complexum esse concedet, quisquis recordatus erit vilicae praecepta confectis undecim libris orta esse, undecimum volumen epitomae speciem prae se ferre. Duodecimo libro totius corporis indicem subiunctum esse neque auctor ipse testatur neque quisquam considerata duodecimi libri natura concludet.[178] Indice addito librorum usum explicari non Columella solus intellexit. Aulum Gellium noctibus Atticis indicem subiunxisse[179] iam monuit Morgagnus.[180] Neque Columellae aequales indices aspernati sunt. An quemquam fugit Plinium maiorem primo naturalis historiae volumini totius operis summarium inseruisse? Plinii ab instituto profecti haud scio, an, cui Columella indices componendi artem debuerit, perspiciamus. Neque enim primus Plinius orbem doctrinae composuit: antecessit eum Cornelius Celsus encyclii disciplinae auctor. Hunc iam indicibus additis opus suum ornasse dubito an iure coniciam. Ceterum, cum perierint Columellae argumenta, non habemus, quod de natura eorum plura comminiscamur. 'At mehercle caecus esse videris! Exstant enim lemmata singulis capitibus ascripta.' At iam Morgagnus ista addidamenta non ad Columellam, sed ad librarios redire vidit.[180] Fallit enim te antiquorum libros non ab ipsis scriptoribus per capita distinctos, sed a scribis posterioribus in capita sectionesque dilaceratos esse. A quibus saepe sine cura et consilio coniuncta esse separata Morgagnus satis bene disputavit. Accedit alterum argumentum a viris doctis adhuc neglectum, quod ad rem diiudicandam maximum momentum affert: Lemmata omnibus tredecim Columellae, qui exstant, libris ascripta in codicibus leguntur, Columellae argumenta decem tantum libros complexa sunt.

Caput III.

Quibus ex fontibus Columella hauserit, inquiritur.

Columellae doctrinam cum usu longo tum multa lectione ortam esse, quisquis rusticorum praeceptorum paginas percurrit, mox perspicit. Atque cum rusticam exercitationem unde ceperit noster priore huius dissertationis tomo satis accurate enarraverimus, nunc quosnam libros perlegerit, examinemus. Magnam rei rusticae scriptorum seriem in primo libro ipse affert.[181] Neque vero omnium opuscula se diligenter perscrutatum esse perhibet, et in ipsa rei rusticae tractatione affert rusticae disciplinae testes loco citato non laudatos.[182] Contra neminem in rei rusticae scriptoribus versatum praeterit apud Varronem enumerari eandem ferre testium cohortem.[183] Varro enim ex litterarum ordine scriptores enarravit, Columella terrarum ordine eos, quorum patria nota erat, memoravit, ignoti tantum ortus scriptoribus pristinum ordinem reliquit. Mirum mehercle in modum Columella studuisse videtur emendandae scriptorum seriei quamquam ipse neque omnibus illis viris nixus praecepta edidit[184] neque ab aliis fontibus sese abstinuit. Accedit, quod auctorum seriei Hyginus Varrone iunior subiungitur. Postremum Atticus, Celsus, Graecinus nova enuntiatione adduntur. Adde, quod eis auctoribus, qui doctrinae orbes componebant, testium indices gratos fuisse primus Plinii maioris liber demonstrat. Iam ergo faciamus cum Reitzensteino, qui scriptorum rusticorum ordinem in Columellae primo libro exstantem Celso deberi, nostrum aequalium modo nomina addidisse concludit.[185]

Sed ne omissa quidem geoponicorum cohorte habemus, quod litterarum rudem nostrum fuisse arbitremur. Persaepe laudat Catonem, Varronem, Sasernas, Tremellium, Hyginum, Vergilium, Magonem. Accedunt Accius,[186] Bolus,[182] Cicero,[187] Euhemerus,[188] Nicander,[189] historiae,[190] Pontificum tabulae.[191] Neque agricola litteratus neglexit tritos commentarios, quorum auctores nominandos non curavit.[192] Quam lectionem quando sibi pepererit, inquirere, hoc a loco non alienum esse mihi videtur. Iam, cum prius opus rusticum ad componendum se applicaret, eum litteris satis bene instructum fuisse supra vidimus. Primum enim laudavit Magonem, cuius praecepta patrui iussu iam in Africa eum adeptum esse pro certo habeo. Quae sententia vel eo sublevatur, quod Hispanis cum Afris commercium diutinum fuit. Itaque Hamilcaris quoque scripta in Hispania divulgata fuisse opinor. Deinde Columellam iam novisse Boli Mendesii opera Plinius testatur.[193] Tum Vergilii carmina in deliciis habuit, quorum locum libri de arboribus exordio significavit. Postremum antiquos citavit. Quo in numero Catonem habendum esse terebrationis praecepta docent.[194] Hispania relicta eum ex nobilium adulescentium more litterarum studio vacantem cognovisse optimorum scriptorum artificumque opera prima maioris operis praefatione laudata[195] dubito num neges. Nondum astronomiae leges tum eum didicisse libri de arboribus caput 2. cum tertii libri loco collatum argumento est.[196] Ceterum, cum de fontibus prioris operis ipse nihil fere dixerit, plura statuere non licet. In altero opere dum versatur, scripta rustica eum satis diligenter lectitasse supra iam significavi.[197] Omitto Accios, Cicerones Platones alios, quorum tum nemo ingenuus erat rudis. Omitto vestigia studiorum ad vocum origines pertinentium, quibus Varrone praeceptore eum incubuisse opinor.[198] Omitto medicinae frustula Celso, ni fallor, debita.[199] Pauca addam, de duobus libris, quos auctoribus non laudatis ad opus componendum adhibuisse mihi videtur. Suspicionis enim ansas dant duo loci alter ad gromaticam artem spectans alter calendarium rusticum quod vocatur continens.[200]

Ac primum quidem Columella cum Trebellii tum Silvini amicissimi precibus commotus quinti libri exordio artis gromaticae elementa enarravit. Primo enim capite profectus a terminis technicis qui vocantur Varronis doctrina[201] adumbrandis rationis geometricae exempla profert. Expressis autem verbis sese artis illius satis peritum esse negat, ut ipsum praecepta non de suo dare sed aliunde sumere appareat.[202] Cui fonti investigando iam pridem artis mathematicae periti non frustra se dediderunt. Etenim circuli, semicirculi, arcus emetiendorum praecepta a Columella edita mutatis numeris ad verbum congruunt cum sententiis, quas legimus in agrimensorum libris.[203] Nuperrime huic loco lux allata est a viris doctis Franco-Gallis, Mortet et Tannery, qui publici iuris fecerunt codicis Monacensis particulam Epaphroditi et Vitruvii Rufi praecepta continentem.[204] Quae quisquis satis attente perspexerit, non modo Curtzeo assentiet,[205] qui de circulo, semicirculo, arcu mutatis numeris eadem atque a Columella praecipi vidit, sed etiam quod sequitur exemplum cum loco eius congruere intelleget.[206] Facere ergo non possumus, quin Curtzeum[207] secuti iam Columellae temporibus haec artis geometricae rudimenta trita fuisse credamus, nisi forte secundi post Christum saeculi magistellos Columellae scriptoris rustici libros evolvisse, hunc artis quasi parentem habitum esse fingamus. Accuratiora statuenda mathematicis relinquo. Etenim utrum altero, qui vocatur, Heronis libro in Latinam linguam tradito Columellam nixum esse Cantor[208] iure affirmet necne, equidem ἀγεωμέτρητος diiudicare non audeo.

Sequitur locus alter ad Chaldaeorum qui vocantur artem spectans. Siderum cognitionis non rudem Columellam alterum opus rusticum componendum adiisse supra iam significavi. Etenim ipse iactationes Chaldaeorum impugnaturus nonnullos libros edidit. Sed ut istorum vanitates damnavit, ita sidera agricolis respicienda esse docuit. Rei rusticae primo iam libro ad siderum motus agricolas convertit.[209] Quam ad monitionem undecimi libri primo capite reversus haec scripsit:

r. r. XI 1, 31 sq: '*Quare necessaria est menstrui cuiusque officii monitio ea, quae pendet ex ratione siderum caeli. Nam ut ait Vergilius: "tam sunt Arcturi sidera nobis haedorumque dies servandi et lucidus anguis, quam quibus in patriam ventosa per aequora vectis pontus et ostriferi fauces tentantur Abydi." Contra quam observationem multis argumentationibus disseruisse me non infitior in iis libris, quos adversus astrologos composueram. Sed illis disputationibus exigebatur id, quod improbissime Chaldaei pollicentur, ut certis quasi terminis ita diebus statis aeris mutationes respondeant: in hac autem ruris disciplina non desideratur eiusmodi scrupulositas; sed (quod dicitur) pingui Minerva quantum vis utile continget vilico tempestatis futurae praesagium, si persuasum habuerit, modo ante, modo post, interdum stato die orientis vel occidentis competere vim sideris. Nam satis providus erit, cui licebit ante multos dies cavere suspecta tempora.*'

Adde secundi capitis locos:

§ 1. '*Itaque praecipiemus, quid quoque mense faciendum sit, sic temporibus accomodantes opera ruris, ut permiserit status caeli: cuius varietatem mutationemque, si ex hoc commentario fuerit praemonitus vilicus, aut nunquam decipietur aut certe non frequenter . . .*'

et § 6. '*Hoc igitur semimenstruum et deinceps sequentia tempestatibus annotatis percensuimus, quo cautior vilicus, ut iam dixi, vel abstinere possit operibus vel festinationem adhibere.*'

Adde noni libri locum, cap. 14, 12:

'*Nec me fallit Hipparchi ratio, quae docet solstitia et aequinoctia non octavis sed primis partibus signorum confici. Verum in hac ruris disciplina sequor nunc Eudoxi et Metonis antiquorumque fastus astrologorum, qui sunt aptati publicis sacrificiis, quia et notior est ista vetus agricolis concepta opinio nec tamen Hipparchi subtilitas pinguioribus, ut aiunt, rusticorum litteris necessaria est.*'

Ipsum velim aspicias calendarium, quod secundo capite continetur. Non singulis diebus singulos siderum motus additos sed multos dies intermissos, saepe singulis complures siderum tempestatumque notas ascriptas esse videbis. Quae cum consideraveris, quem ad finem Columella anni compositionem vilico enarratam voluerit, iam perspicies. Nempe vilici opera in semimenstrua distracta narraturus tempestatum siderumque rationem quam maxime contractam addidit. Deinde reminiscere, quaeso, ex Caesaris temporibus,[210] qui anno urbis septingentesimo octavo fastos pontificum licentia miserum in modum perturbatos Sosigene perito scientiae eius adhibito ad solis cursum ita redegerat, ut veteri agricolis opinioni conceptae aptarentur publica sacrificia,[211] reminiscere, doctorum catervam fastorum indices edidisse vel siderum motibus vel tempestatum praedictione vel aliis adnotationibus, eis, qui legerent, haud inutilibus exornatos. Compara, quaeso, calendarii locum r. r. XI 2, 49: '*Octavo et VII. et VI. Cal. Iulii solstitium, Favonius et calor*' cum secundi libri loco, quem cum scriberet, nostrum astronomiae non rudem fuisse supra exposuimus: r. r. II 4, 4: '*solstitium, quod est nonum vel octavum Calend. Iulias.*'

Iam concedes non esse dubium, quin Columella vilicum instructurus non ipse novam ephemeridem construxerit, sed quam notissimum calendarium exscripserit. Scriptoris nomen aut consulto reticuit aut ipse ignoravit. Attamen in dierum motuumque siderum conspectu non omnia auctoris vestigia interierunt. Quid? quod ne a nomine quidem eius eruendo viri docti se continuerunt!

Sexti enim post Christum natum saeculi scriptor, Ioannes Lydus, libro suo, de ostentis inscripto, quasi ornamentum addidit calendarium, cui inscribitur: '*Ἐφήμερος τοῦ παντὸς ἐνιαυτοῦ ἤ γουν σημείωσις ἐπιτολῶν τε καὶ δυσμῶν τῶν ἐν οὐρανῷ φαινομένων ἐκ τῶν Κλαυδίου τοῦ Θούσκου καθ' ἑρμηνείαν πρὸς λέξιν.*' Claudium vel Clodium illum Tuscum Lydo Etruscum natione visum esse apparet ex libri de ostentis capite 71, ubi scripsit: '*καὶ ταῦτα μὲν ὁ Κλῶδιος ἐκ τῶν παρὰ Θούσκοις ἱερῶν πρὸς λέξιν.*'

Ad Clodium Tuscum quendam litteras dedit Sinnius Capito, qui Augusti temporibus vixit.[212] Calendarii, de quo agitur, auctorem tum floruisse apparet ex Lydi capite 71, ubi post verba supra exscripta hoc modo pergitur: *'καὶ οὐκ αὐτὸς μόνος ἀλλὰ μὴν καὶ Εὔδοξός τε ὁ πολύς, Δημόκριτος πρῶτος αὐτῶν, Βάρρων τε ὁ Ῥωμαῖος, Ἵππαρχος, Μητρόδωρος καὶ μετ' αὐτοὺς ὁ Καῖσαρ περὶ τῆς ἐφημέρου τῶν φαινομένων ἐπιτολῆς τε καὶ δυσμῶν.'* Habes testium indicem, quem Lydus apud Clodium Tuscum scriptum invenit. Neque Chaldaeorum qui vocantur neque poetae ullius fastorum praeconis mentio fit. Itaque scripsisse videtur Clodius ille Tuscus, antequam Ovidii, Manilii qui vocatur, aliorum opera chronographica publici iuris facta erant. Hunc Clodium Tuscum Ioannis Lydi auctorem eodem atque Columella fonte — vetere calendario rustico Romanorum, ab Eudoxi, Metonis, antiquorum fastis astrologorum repetito — rivulos suos irrigasse Wachsmuth coniecit.[213] In via a Wachsmutho patefacta audacius progressus Unger[214] nostrum Clodii ipsius libellis niti suspicatus est. Memento quaeso, quanta cum licentia Columella dierum tempestatumque indicem contraxerit.[215] Adde, quod in numeris scribendis librariorum fides haud ita certa est. Recordare, si placet, ne panniculum quidem calendarii Clodiani ipsius praeter Lydi versionem Graecam conservatum esse. Reminiscere quinto post Columellae tempora saeculo Ioannem Lydum vixisse neque quemquam, quae fata inter Columellae Lydique aetates Clodii Tusci calendarium tulerit, pro certo statuere posse. Iam concedes difficillimum esse ad diiudicandum, utrum Columella in Clodio Tusco nixus sit an ex eodem fonte uterque hauserit. Sed quamvis magna ex parte Columella Lydusque inter se consentiant,[216] tamen non desunt differentiae, quae Columellae licentia ortae esse non possunt.[217] Quid plura? Ungerum audacem non secuti hoc statuisse satis habeamus:

Columella maiori operi suo inseruit calendarium rusticum Chaldaei alicuiusdam notis ad prognostica pertinentibus ornatum. Ante Columellam Clodius Tuscus grammaticus ephemeridem auctam adnotationibus ad motus siderum tempestatesque spectantibus ex compluribus fontibus congessit.[218] Quo in numero Columellae auctor fuit. Medii aevi grammaticus, Ioannes Lydus, quaecumque apud Clodium Tuscum scripta invenit, omissis testium nominibus suo opusculo inseruit Tusci cognomine vanum in Etruscae doctrinae stuporem perductus.

Sed haec hactenus. Redeamus ad Columellam. Inspectis testibus et quales codices Columella adhibuerit et quam rationem in exscribendis auctorum verbis secutus sit, examinemus. Atque ne repetita testium recensione fatigemur, convertamur ad Vergilium clarissimum rei rusticae praeconem.

Proficiscimur a Ribbeckii iudicio[219]: '*Columella ubi ex georgicis verba suis praeceptis immiscet, quam neglegens genuinae memoriae sit, satis demonstrant, quae ad IIII. 89 sqq. adnotavi cf. praetera I. 195, 197, III. 70. Mutato, ut libuit, ordine accomodavit orationi frustula poetae, qualia fere in mente haerebant. accedit, quod ne textus quidem Columellae ea, qua opus est diligentia adhuc pertractatus est.*' Ac primum quidem de versibus Ge. IIII. 89 sqq. sententiam laturi ipsos versus cum Columellae loco componamus.

Col. r. r. IX. 10:

'*Sunt autem ii reges paullo et oblongi magis quam ceterae apes, quidam etiam infusci atque hirsuti reperiuntur, quorum pro habitu damnabis ingenium.*

"*Namque duae regum facies dua corpora gentis,*

Alter erit maculis auro squalentibus ardens

et rutilis clarus squamis insignis et ore."

Atque hic maxime probatur, qui est melior, nam deterior sordido sputo similis tam foedus est,

"*quam pulvere ab alto*

cum venit et sicco terram spuit ore viator."

Et ut idem ait:

"*Desidia latamque trahens inglorius alvum.*"

Verg. Ge. IIII.:

67. '*Sin autem ad pugnam exierint, nam saepe duobus regibus incessit magno discordia motu . . .*

89. *deterior qui visus, eum, ne prodigus obsit,*

90. *dede neci; melior vacua sine regnet in aula.*

91. *alter erit maculis auro squalentibus ardens.*

92. *Nam duo sunt genera hic melior insignis et ore*

93. *et rutilis clarus squamis ille horridus alter*

94. *desidia latamque trahens inglorius alvom.*

95. *Ut binae regum facies ita corpora plebis.*

96. *namque aliae turpes horrent, ceu pulvere ab alto* —

Col. r. r. IX. 10:	Verg. Ge. IIII:
Omnes igitur duces notae deterioris "*dede neci, melior vacua sine regnet in aula*".'	97. *quom venit et sicco terram spuit ore viator* 98. *aridus* . . .'

Suo iure Columella a genuina memoria disgressus non modo versuum ordinem dissolvit, sed ipsa verba mutavit. Nempe sua praecepta poetae frustulis ornare non Vergilii breviarium componere voluit. Ut sententiarum conexui aptaretur, Vergilii versus nonagesimus quintus praeter ceteros mutatus est. Etenim Maro ab apium regibus profectus de plebe canere coepit, Columella, ut reges descripturus versum proponeret, cum totam verborum compositionem commutavit, tum in 'plebis' a sua sententia alienae locum 'gentem' suffecit.

Pari modo in versum Ge. IIII. 70. spondeum '*vulgi*', quo carere non potuit, illaturus '*longe*' adverbium eiecit. Scripsit enim r. r. IX. 9, 4: '*Poterit exploratam fugam praesciscere vespertinis temporibus aurem singulis alveis admovendo. siquidem fere ante triduum, quam eruptionem facturae sint, velut militaria signa moventium tumultus ac murmur exoritur, ex quo, ut verissime dicit Vergilius:* "*corda licet vulgi praesciscere, namque morantes Martius ille aeris rauci canor increpat et vox auditur fractos sonitus imitata tubarum*".'

Aliter iudicandum est de versibus Ge. I. 195 et 197 a Ribbeckio prolatis. Versus enim 197 apud Columellam bis legitur. R. r. III. 10, 18 praebet verba cum Vergiliana lectione congruentia: '*Vidi lecta diu et multo spectata labore* . . .' — R. r. II. 9, 12, quantum Gessner Schneiderque produnt, sola excerpta Goesiana, quae in codice Sangermanensi nituntur, genuinam lectionem servaverunt, cetera manuscripta inter '*vidi*' et '*lecta*' insertum habent pronomen '*ego*'. Habeant sibi miselli codices istud '*ego*'. Equidem, quin noster utroque loco genuinam lectionem Vergilianam tradiderit, non habeo cur dubitem. Restat versus I. 195. Legimus apud

Col. r. r. II. 10, 11:	Verg. Ge. I:
'Priscis autem rusticis nec minus Vergilio prius amurca	193. '*semina vidi equidem multos medicare serentes*

Col. r. r. II. 10, 11:	Verg. Ge. I.:
vel nitro macerari eam et ita seri placuit.	194. *et nitro prius et nigra perfundere amurca,*
"*Laetior ut fetus siliquis fallacibus esset et quamvis igni exiguo properata maderent*".'	195. *grandior ut fetus siliquis fallacibus esset*
	196. *et quamvis igni exiguo properata maderent.*'

Hoc in loco verborum mutatione scriptori non fuit opus. Memoriter Columellam Vergilii versus citasse mihi quidem Ribbeckius non persuasit. Immo codice Vergilii nostrum usum esse credo a mendis non libero. Etenim poetae rustici carmina adulescens iam in deliciis habuit. Quid mirum, si ipse carminum exemplum possedit? Atque cum Senecae philosophi exemplar interpolatum fuisse Ribbeckius nos docuerit, meo iure Columellae agricolae haud integrae lectionis exemplum Vergilianum tribuere mihi videor.

Atque quoniam de Columellae locis Vergilianis agere coeperimus, iam ceteros quoque, qui quidem tractatione digni sint, locos perlustremus. Omitto elementa Vergiliana decimo rei rusticae libro inserta.[220] Omitto versus versuumque elementa, quae sine ulla variatione et in Vergilii et in Columellae libris leguntur.[221] Omitto discrepantias orthographicas et grammaticas, quae qua ex parte auctoribus, qua ex parte scribis debeantur, vix quisquam omnibus in locis diiudicet.[222] Accuratius percenseamus lectionis varietates, quae supersunt. Tres discrepantiae fontes supra invenimus: primum Columella interpolato codice Vergiliano usus est, deinde scribae Columellae textum corruperunt, tum Columella de industria Vergilianos versus mutavit.

Atque Columellae interpolato codici Vergiliano haec deberi censeo:

r. r. I. 4, 4: '*Ventos et proprium* (Goes.) *caeli praediscere morem*' = Verg. Ge. I. 51: '. . . *et varium* . . .'

r. r. III. 2, 29: '*discere quam multae zephyro versentur harenae*' = Verg. Ge. II. 106: '. . . *turbentur*[223] . . .'

r. r. III. 15, 4: '*Hoc ubi hiulca siti findit canis aestifer arva*' = Verg. Ge. II. 352: '. . . *aestiper* . . .'

r. r. VII. 3, 9: '*Si tibi lanitium curae est, primum . . .*' = Verg. Ge. III. 384: '*. . . curae, primum . . .*'

r. r. VII. 4, 6: '*odoratam stabulis incendere cedrum*' = Verg. Ge. III. 414: '*. . . accendere . . .*'

Sequuntur corruptelae a scribis Columellae libris insertae: r. r. III. 9, 5: '*unde etiam pastor ille in Bucolicis ait: "Sic canibus catulos similes, sic matribus haedos" . . .*'

Deest verbum cum subiecto, quod vocatur. Nempe primum sequentis versus membrum est '*noram*' = Verg. Ecl. I. 23, a scribis codicis Lipsiensis et, Goesio teste, codicis Sangermanensis neglectum.

r. r. VII. 1, 3: '*Saepe etiam, ut celeberrimus poeta memorat, "tardi costas agitator aselli vilibus aut onerat pomis, lapidemque revertens incussum aut atrae massam picis urbe reportat".*'

Claudicat istud '*aut pomis*'; omnia bene quadrant apud Vergilium, ubi legimus '*saepe oleo tardi . . . aut-pomis*'. Causa corruptelae est, quod scriba pro hexametro habuit '*saepe etiam tardi . . .*' atque eiecit '*oleo*' quo carere posse sibi videbatur, cum '*aut onerat — aut reportat*' iungenda esse iniuria arbitraretur.

r. r. XI. 8, 13: vocabulum Graecum summas scribis attulit difficultates. Ars metrica docet apud Vergilium legendum esse '*melisphylla*', quod testatur Servius ad Verg. Ge. IIII. 63. Columellae libri praebent '*mellifila, mellisophila, meliphilla*' et similia.

r. r. IX. 15, 1: '*fucos . . . quod est genus . . . . et ut ait Vergilius "ignavum pecus"*. Scriba ut versus partem restitueret inseruit Vergilii '*fucos*', ut legeretur cum Ge. IIII. 70 '*ignavum fucos pecus*'.

Supersunt loci Vergiliani, quos Columella de industria vel plane vel aliqua ex parte mutavit. Videte, quaeso, ipsi:

Verg. Ge. II. 249 sq.: '*haut unquam manibus iactata fatiscit, set picis in morem ad digitos lentescit habendo.*'

Columella affirmativa, quae vocatur, constructione usus mutato 'set' scripsit r. r. II. 2, 18: '*ac si glutinosa est* (terra) *et quovis levissimo tactu pressa inhaerescit "et picis . . ." ut ait Vergilius.*' r. r. VII. 3, 23 in citato loco Vergilii, Ge. III. 324 sq. Columella omisit versum 328, quo facile carere potuit neque mutuatus est versus 329 finem '*iubebo*', unde venit, ut v. 334 non scriberet '*accubet*', quod habet Vergilius, a '*iubebo*' rectum, sed '*accubat*'. r. r. VII. 3, 24 omisit versum Ge. III. 338, ornamentum poeticum prosaico scriptori superfluum.

Versus Ge. IIII. 87: '*hi motus animorum atque haec certamina tanta pulveris exigui iactu compressa quiescent*' mutavit numerum pluralem in singularem, futurum in praesens tempus: r. r. IX. 9, 6: '*Pugna quidem vel unius inter se dissidentis, vel duorum examinum discordantium facile compescitur; nam ut idem ait:*

"*Pulveris exigui iactu compressa quiescit*".'

Habetis locorum Vergilianorum Columellae libris insertorum perlustrationem. Unde profecti haec statuimus:

Columella rustica praecepta editurus neque, cum scriptorum testimonia colligeret, curavit, ut quam optimae fidei codicibus uteretur, et, quo artius laudatos locos suis praeceptis conecteret neque a transpositione neque a mutatione verborum se abstinuit. Accedit, quod medii aevi librarii alius alio modo Columellae codices interpolaverunt. Quae cum ita sint, cavendum est, ne quis ex Columellae libris aliorum scriptorum verba ipsa extricare conetur.

Caput IV.

Quae fata Columellae libri habuerint, ex scriptorum testimoniis investigatur.

Imperatorum Romanorum temporibus armorum strepitus homines ab agris depulit, ut turpi consensu disciplina ruris desereretur. Quid mirum, si scriptores quoque rusticis praeceptis renovandis non studuerunt? Quare exiguus est numerus locorum, quibus Columellae voluminum mentio fit. Ex aequalium numero, quantum nos scimus, solus Plinius Columellae libros adhibuit.[105] Qui quo Columellae opere usus sit, facile est ad perspiciendum.

Primum enim semel Columellam laudans praeceptum profert, quod in rei rusticae voluminibus omnino non legitur, sed exstat in libri de arboribus capite nono.[130]

Deinde quae apud Bolum Mendesium se legisse Columella enarrat, Plinius scriptori ipsi tribuit. Ceterum Plinii verba ad Columellae locum non satis bene quadrant.[224] Tum aliqua ex parte discedere videtur Plinius a Columella, quem sese sequi affirmat, cum pomorum conservandorum praeceptum det omisso Columellae maioris nomine, cui se doctrinam debere noster enarrat.[225] Postremum locos, qui supersunt,[226] perspice, contentionum plenos. Haeresne dubius, utrum Plinius praecepta Columellae tanta cum negligentia exscripserit, ut saepenumero ea non recte intellexisse videatur an omnino alia quam nobis tradita sunt, volumina evolverit? Adde, quod, cum alterum Columellae opus publici iuris fieret, Plinius iam in elucubranda naturali historia occupatus fuit.[227] Quae argumenta cum consideraveris, nonne mecum transis in Stadleri partes, qui Plinium priore Columellae opere rustico uti coniecit?

Iam enim omnes difficultates explicantur: Attici, Celsi Graecini argumentis instructus Plinius Columellae praecepta adoriri ausus est. Postea noster aequalium ratione habita praecepta aut mutata aut defensa posteriori operi inseruit. Quo factum est, ut Plinii impetus vani et inanes esse videantur. Prioris operis morem secutus Columella iuvenis patrui nomen conservandorum pomorum praecepto tum non adiunxit.

Itaque, quae nos in secundo rei rusticae volumine legimus, Plinius ex primo priorum praeceptorum libro excerpsit. Quae postea de pomis vilicae praecepit, haud scio an ex ea primi libelli parte, cui primus maioris operis liber respondet, sumpserit. Atque octavi Pliniani libri locus ad catulorum caudas castrandas pertinens Columellae opus non duos solum libros continuisse demonstrat.[228] Abiecta ergo Pontederae coniectura priori quoque operi unum minime librum ad pecudum curam spectantem adiunctum fuisse, teste Plinio concludimus.

Secundum locum do Eumelo veterinario, de quo Ihm,[107] vir doctus, hoc ipso anno haec scripsit, prol. edit. Pelagonii pag. 7: '*(Eumelum) post Columellam scripsisse ex hisce, quos subicio, locis inter se comparatis intelleges:*

r. r. VI. 36, 6: Eumel. Hipp. 63.

r. r. VI. 30, 8/9: Eumel. Hipp. 202.

r. r. VI. 30, 9/10: Miller Not. et extraits XXI, 2. (1865) p. 103. Εὐμήλου πρὸς ἕλμιγγας καὶ σκώληκας.

r. r. VI. 31, 1: Eumel. Hipp. 73.

r. r. VI. 30, 1/2 (= Pelag. 30): Eumel. Hipp. 184.

r. r. VI. 30, 3: Eumel. Hipp. 257.

r. r. VI. 30, 5: Eumel. Hipp. 248.

r. r. VI. 39, 6/7 (= Pelag. 43): Miller not. et extr. XXXI. 2, p. 136.

r. r. VI. 33, 1/2 (= Pelag. 437): Eumel. Hipp. 47.

r. r. VI. 34, 1: Hipp. 300 (Miller l. c. 136). Εὐμήλου.

Ex contrario iudicari Columella a Graeco scriptore sua petivisse vix poterit, Eumelum propius ad Apsyrti tempora, quam ad saeculum Chr. primum accedere veri est similius neque in tanto consensu utrumque ex eodem fonte hausisse possum adduci, ut credam.'

Facio cum viro docto cum argumentis quae protulit commotus, tum Columellae rationis citandi non immemor.[141] Unum addam. Quamquam omnia quae Eumelus attulit in sexto rei rusticae libro leguntur, tamen utro Columellae rustico opere homo Graecus usus sit, amisso priorum praeceptorum tertio volumine statui nequit.

Princeps maiores operis testis certus exstat Gargilius Martialis, qui ex Columellae quarto libro castanearum curam didicit priore nostri opere neglectam:

frag. Neap. IIII. 6 (= Class. auct. ed. Mai I. 412):

'*Columella et Plinius* (de castanea) *in eadem fere verba consentiunt.*'

frag. Neap. IIII. 1 (= Cl. a. 409):

'*Columella, cui curae fuit diligentius et de castanea conscribere, etiam ipse indifferenter et varie sententiam promit; fluxe enim ista describit. Adfirmat a nobembri mense per totam hiemem seri posse: nunciat Kal. Martias in idus easdem, ne quid intersit; et plantat, ut quandoque quae sine culpam manus veniat, scire possimus.*'

Idem utrum praeter rem rusticam brevius quoque nostri opus cognoverit necne, diiudicari nequit, cum non exscripserit Columellae locum a duodecim librorum corpore alienum.[229]

In Solini fontibus Columellam numerat Buresch argumentis parum potentibus usus. Ad fata rusticorum librorum illustranda nihil affert.[230]

Omnes qui nunc exstant Columellae libros adhibuit Palladius, qui ex eo pendens nihil fere nisi magistri verba novum in ordinem redacta recinit. De doctrinae fonte eos, quorum in usum libros suos composuit, non celavit. Immo vero vicies quinquies Columellae nomen apud Palladium scriptum invenitur. Omnes locos a Palladio laudatos relictis in Columellae libris invenimus. Addo indicem locorum Palladianorum assertis locis Columellae:

Pall. I. 19, 3 : Col. r. r. I. 6, 16; Pall. I. 28, 5 : Col. r. r. VIII. 11, 13; Pall. II. 16 : Col. r. r. XI. 2, 14;[231] Pall. III. 9, 14 : Col. de arb. 4, 5;[232] Pall. III. 10, 4 : Col. r. r. V. 6, 1;[233] Pall. III. 15, 1 : Col. r. r. IV. 6, 1;[234] Pall. III. 16 : Col. r. r. IV. 15, 2;[235] Pall. III. 17, 7 : Col. r. r. IV. 29, 16;[236] Pall. III. 18, 6 : Col. r. r. V. 9, 1;[237] Pall. III. 19, 3 : Col. de arb. 20. 2, r. r. V. 10, 6;[238] Pall. III. 24, 7 : Col. XI. 3, 23;[239] Pall. III. 24, 11 : Col. r. r. XI. 3, 30; Pall. III. 26, 5 : Col. r. r. VII. 9, 13; Pall. IV. 8, 1 : Col. r. r. XI. 2, 29; Pall. IV. 9, 9 : Col. r. r. XI. 3, 53;[240] Pall. VIII. 4, 1 : Col. r. r. VI. 24, 3; Pall. VIII. 4, 2 : Col. r. r. VII. 2, 4; Pall. X. 1, 2 : Col. r. r. II. 15, 1; Pall. XI. 3 : Col. r. r. III. 6, 4;[241] Pall. XI. 5, 2 : Col. r. r. IV. 8, 3;[242] Pall. XI. 8, 2 : Col. r. r. V. 9, 13;[242] Pall. XI. 8, 2 : Col. r. r. V. 9, 15;[242] Pall. XII. 1, 2 : Col. r. r. II. 10, 6; Pall. XII. 3 : Col. r. r. IV. 22, 3 sq.[242]

Respice, quaeso, numerum locorum ex tertio, quarto, quinto rei rusticae libris pendentium de arboribus, qui inscribitur, libro non respondentium. Num maius Columellae opus Palladio praesto fuisse negas? Librum de arboribus quoque eius in manibus fuisse testimonio est locus Pall. III. 9, 14. Utrum hic liber prioris operis fragmentum tum superfuerit an totum corpus exstiterit, diiudicare is non potest, qui Palladii solius locis nititur. Quam ad controversiam finiendam Danielis quod vocatur, scholion confert.

Scripta legimus haec, Serv. ad Verg. Aen. 540: '*unde Columella libro septimo iumenta et armenta nomen a re traxere, quod nostrum laborem vel onera subvectando vel arando iuvarent.*'

Exstat nota etymologica in Columellae libro VI. Memento, quaeso, ordinis librorum, quem codices manuscripti praebent: Liber de arboribus intra secundum tertiumque libros insertus est, ut unum opus tredecim librorum exstare videatur. Itaque maioris operis liber VI. totius corporis liber VII. est. Verisimile ergo est, ut iam scholiastae temporibus liber de arboribus inter maioris operis volumina irrepserit, deperditis ceteris prioris operis voluminibus.[243] Hoc loco, qui factum sit, ut hic solus prioris operis liber memoriae proderetur, disputare haud alienum esse censeo.

Cuius rei cum causas quaererem, has inveni duas: altera est, quod surculis colendis auctor ipse summum momentum addidit, altera est, quod arborum cultura praeter ceteras rei rusticae disciplinas in Italia florebat. Ac primum quidem, qua ex parte Columellae ipsi deberi censeam, quod liber de arboribus non perierit, accuratius enarrem: Patruus Gaditanus, illustris agricola Baeticae in surculis colendis multum profecerat, cuius artificia discipulus consanguineus memoria custodiebat. Deinde noster, cum in Italia domicilium collocasset, non vastas possessiones comparavit, sed agellos, ut ipsius verbis utar, emit, non tam ad agriculturam vel ad pecus alendum, quam ad vinum oleumque proferenda idoneos. Quo factum est, ut opera surculis colendis per annos data in dies eruditior fieret et usu et praeceptis. Tum spatio inter duo rustica opera posito publici iuris facti sunt libri a Celso, Attico, Graecino compositi, quorum sententias a nostro aut acceptas aut impugnatas esse supra iam enarravi. Atque ceteris quidem in disciplinis, quibus ipse haud ita magna cum industria studebat, describendis totus fere ex peritorum praescriptis pendet, ut in nova editione aut quae antea praescripserat, referat aut aequalium doctrinam accipiat, in surculorum colendorum vero descriptione et ipse pristina praecepta magna ex parte obsoleta esse intellexit et quae iniuria a peritis improbata esse videbat, acerrime defendit. Adde vetus illud: quot homines, tot sententiae. Quid mirum si nonnulli agricolae sententias in libro de arboribus prolatas non viles rati hunc prae ceteris prioris operis libris conservandum censuerunt?

Neque vero sola Columellae peritia sed etiam Italiae conditio ad librum de arboribus conservandum valuit. Quid omnibus nota multis verbis repetam? Cum extremis liberae rei publicae temporibus tum imperatorum saeculis frumentariis agris Italiam caruisse quis est quin sciat? Exstabant ditissimorum latifundia cum in pascuis tum in hortis olivetis vinetis consumpta. Columellae temporibus pascua nondum hortos oliveta vineta superabant. Facile ergo, dummodo maioris operis volumina singula deinceps a nostro publici iuris facta esse memineris, fieri potuisse concedes, ut prioris operis liber de arboribus et maxime pervulgaretur et nova quoque editione facta in agricolarum usu maneret. Iam ergo satis plane exposuisse mihi videor, quibus causis hodiernus Columellae voluminum status debeatur. Nempe liber de arboribus solus prioris operis superstes iam antiquis temporibus a librariis Columellae codicibus insertus surculorum libris iunioribus antepositus est, ut totius codicis tredecim libros continentis tertius liber evaderet.

Iam vero, cum ad scholion Danielis adumbrandum satis multa attulisse mihi videar, ceteros nostri scriptorum testes producam.

Sexto maioris operis libro usus est Pelagonius neque vero, qualis tunc ordo librorum fuerit, perspicimus, cum Pelagonius nunquam libri citati numerum addiderit.

Ne Vegetii quidem, Pelagonii aequalis locus quicquam novi affert.[244]

Plura nos docet Cassiodorius Senator, sexti p. Chr. saeculi monachus doctissimus, cuius verba supra iam exscripsi.[245] Quae ut vitaret incommoda, noster ipse studuit, quae quod non satis vitasset, Palladius vituperavit, Columellae volumina oblivioni dederunt. Ipse persaepe revocavit sese a disputatione ad rerum naturae latebras vel scientiae subtilitatem spectante.[246] Ipse non ubique obscuritatem atque verbositatem fugisse sibi visus decem voluminum corpori et indicem adiunxit et vilici vilicaeque praecepta addidit. Continent autem libri Columellae tot disputationes concertationum plenas, ut cum aequalibus tum posterioribus agricolis, quorum usui volumina erant destinata, ad legendum asperrimi fuerint.

Litterati vero ad disputationes lectitandas satis docti rustica praecepta studio non digna aestimabant. Saeculi ingenio obsecutus Palladius omnia negotia in singulos anni menses dispertita duodecim libris descripsit. Imitatus ergo est exemplum a Columella ipso altero undecimi libri capite statutum illo tantum discrimine interposito, quod Columella in usum vilici servi, Palladius in liberi domini usum singulorum mensium opera rustica omni litterarum ornatu detracto enumeravit. Palladii explanatione libros Columellae obsoletos esse Cassiodorii ipsa verba demonstrant. Ipse sane novit eius volumina Cassiodorius, vir plurimae lectionis atque eruditionis. Utrum vero Benedictinis monachis Columellae codicem reliquerit necne nescimus. Ut enim laudat nostri elegantiam atque facundiam operisque eius studiosos non solum communi fructu sed etiam gratissimis epulis expleri praedicat, ita Palladii solius codicis mentionem facit. Adde, quod in Benedictinorum monasteria tum confugit scriptorum veterum memoria. Cassiodorii monasterium praeter cetera floruisse recordare. Columellae libros oblivione fere obrutos fuisse patere mihi videtur.[247]

Restat, ut de numero Columellae voluminum a Senatore tradito pauca addam. Legimus enim: 'Sed Columella sexdecim libris per diversas agriculturae species eloquens ac facundus illabitur.' An Cassiodorius re vera XVI Columellae libros legit? 'Ipse auctor se adversus astrologos libros composuisse commemorat.[24] Forsitan eorum exemplar ad Cassiodorium pervenerit.' At de libris ad rem rusticam pertinentibus quaestio est. 'Prioris ergo rustici operis a Columella compositi quattuor libri Senatori noti fuerunt.' At expressis verbis solum de arboribus librum per saecula mansisse supra enarravi. Librariorum errore ex XIII numero XVI factus esse mihi videtur. Facio ergo cum Teuffelio, Schanzio, aliis non cum Fabricio ceterisque priorum temporum viris doctis, qui alius alio modo ad tredecim Columellae libros memoriae traditos libros adnumeratos volebant, quibus aut de re rustica aut de astrologia verba facta esse censebant.

Pervenimus ad fines temporum, quibus codices nobis traditi debentur. Hinc Sueci docti Columellae codicibus eruendis explicandis, describendis conferendis dediti profanum volgus arcent.[248]

Atque ut summam eorum quae disserui faciam, haec demonstravisse mihi videor:

L. Iunius L. f. Gal. Moderatus Columella, Gadibus circa nostrae aerae initium natus, a patruo Gaditano rem rusticam didicit. Hispania relicta Romae, ut erat haud ignobili loco natus, Graecorum Romanorumque doctrina animum excoluit aut Moderatorum propinquorum aut alieni cuiusdam rhetoris scholas frequentans. In Ciliciae Syriaeque finibus tribunatu militari functus, cum in Italiam rediret, Tarenti elogio honoratus est. Tum in agello Ardeatino rusticationi se dedit. Quattuor agellos nominat: Ardeatinum, Albanum, Carseolanum, Caeretanum. Tiberio imperatore praecepta rustica edidit per tres minime libros ad Eprium Marcellum missos dispertita, quorum fragmentum liber de arboribus exstat, antiquis iam temporibus falso loco in rei rusticae codicibus positus. Quo ex opere Plinius Secundus hausit. Columellae exemplum secuti Atticus, Celsus, Graecinus ad scriptionem rusticam se converterunt. Ipse adversus astrologos libros composuit nunc perditos. Familiariter usus est agricolis vicinis, Caeretis hominibus honestatis, Annaeis popularibus. Agricolationis praecepta recensiturus aequalium maiorumque scripta diligenter perscrutatus est. Neque vero, ut summae fidei codicibus uteretur, semper curavit. Tum septimo p. Chr. decennio Silvini Caeretani precibus commotus decem libris rem rusticam praescribere coepit. Silvino singulos libros misit. Amicorum precibus obsecutus quinto libro gromatica praecepta proposuit ex trito commentariolo sumpta, et decimo libro Vergilium aemulatus versibus horti culturam tradidit. Tum et Claudio Augustali morem gesturus et vilicis praecepta aptaturus libro qui inscribitur vilicus ad Silvinum misso et usitato calendario nixus vilici officia enarravit et horti culturam soluta oratione docuit. Cui libello decem voluminum indicem addidit nunc perditum. Postremum Silvino dedicavit libellum vilicae officia continentem. Utrum de lustrationibus librum ediderit necne dubitamus. De Columellae morte nihil traditur. Ex aequalium numero solus Plinius Columellam memorat, qui priora eius rustica praecepta excerpsit. Neque proximorum saeculorum scriptores saepe nostrum laudant. Noverunt eum Eumelus, Gargilius Martialis, Palladius, Servii interpolator anonymus, Vegetius, Pelagonius, Cassiodorius.

Adnotationes.

1 Lundström: Ein Columella-Excerptor aus dem 15. Jahrhundert, 1894 = skrifter utgifna af Humanistiska Vetenskapssamfundet i Upsala III. 6. Idem in actis philologicis Suecanis, quae inscribuntur Eranos, anno 1896 vol. I. 38 sq. et 169 sq. de Columellae libris egit.

2 cf. Langlet, eiusdem Erani vol. I. pag. 86 sq.

3 Teuffel-Schwabe: Geschichte der römischen Litteratur [5], 1890, § 54, § 293. — V. Barbaret: de Columellae vita et scriptis 1888. — Schanz: Geschichte der römischen Litteratur II. 462 sq.

4 Praeter ceteros talem sententiam tulit Reitzenstein: de scriptorum rei rusticae, qui intercedunt inter Catonem et Columellam, libris deperditis Berolini 1884.

5 Columellae scriptis nixus primus auctoris vitam astruxit Beroaldus; v. e. g. script. r. r. ed. Ascens. MDXXIX. Quo ne quis plura vitae fragmenta ex Columellae scriptis indagetur, monet Häussner: die handschriftliche Überlieferung des Columella, Karlsruhe 1889, Du Petit Thouars Francogallum vituperans, qui fervidissimo cum ingenio auctoris vitam adhibitis scriptorum locis finxit. cf. Biographie universelle de Michaud, III: Columelle (Lucius Iunius Moderatus).

6 r. r. VIII. 16, 9: 'in nostro Gadium municipio;' r. r. X. v. 185: 'mea quam generant Tartesi litore Gades;' Gaditanos a Iulio Caesare quintum consule civitate donatos esse narrat Cassius Dio XLI, 24. — Quid mirum, si Columella civitate elatus non pro barbaro Hispano sed pro homine vere Romano se gerit, cum scribat, r. r. I, praef. 1: 'Saepenumero civitatis nostrae principes audio culpantes'; r. r. I, praef. 13 sq: 'Verum cum pluribus monumentis scriptorum admonear apud antiquos nostros fuisse gloriae curam rusticationis, ex qua Quintius Cincinnatus ...'?

7 cf. r. r. II. 16, 4 sq.; V. 15. — 8 cf. r. r. VII. 2, 4 sq.; XII. 21, 4 sq.

9 cf. r. r. II. 16, 4 sq.: 'Si tamen nullum genus stercoris suppetet, ei multum proderit fecisse, quod M. Columellam, patruum meum doctissimum et diligentissimum agricolam, saepenumero usurpasse memoria repeto, ut sabulosis locis cretam ingereret: cretosis ac nimium densis

sabulum: atque ita non solum segetes laetas excitaret, verum etiam pulcherrimas vineas efficeret. Nam idem negabat stercus vitibus ingerendum, quod saporem vini corrumperet: melioremque censebat esse materiam vindemiis exuberandis congesticiam, vel de vepribus vel denique aliam quamlibet arcessitam et advectam humum. Iam vero et ego reor . . .' r. r. V. 5, 15: 'M. quidem Columella . . sub ortu caniculae palmeis tegetibus vineas adumbrabat, quoniam plerumque dicti sideris tempore quaedam partes eius regionis sic infestantur Euro, quem incolae Vulturnum appellant, ut, nisi tegminibus vites opacentur, velut halitu flammeo fructus uratur.' r. r. XII. 21, 4 sq.: 'Praeterea foenum Graecum maceratur in vino vetere per triduum . . . . Hac conditura Columella patruus meus, illustris agricola uti solitus est in iis fundis, in quibus palustres vineas habebat. sed idem, cum collina vina condiebat, aquam salsam decoctam ad tertias pro sale adiciebat. ea porro facit sine dubio maiorem mensuram et odoris melioris: sed periculum habet . . .' r. r. XII. 40: 'Lora optima sic fit . . . Hanc ipsam loram M. Columella ex aqua vetere faciebat et nonnunquam plus biennio innoxiam servabat.' r. r. XII. 44, 5 sq.: 'Marcus Columella, patruus meus ex ea creta, qua fiunt amphorae, lata vasa in modum patinarum fieri iubebat, eaque intrinsecus et exterius crasse picari: quae cum praeparaverat, tum demum purpureas et bumastos et Numasianas et duracinas uvas legi praecipiebat, pediculosque earum sine mora in ferventem picem demitti et in praedictis patinis separatim sui cuiusque generis ita componi, ne uvae inter se contingerent: post hoc opercula superponi et oblini crasso gypso: tum demum pice dura, quae igni liquata esset, sic picari, ne quis humor transire posset. tota deinde vasa in aqua fontana vel cisternina ponderibus impositis mergi, nec ullam partem earum pati exstare. Sed . . . Nihil est tamen certius quam . . .'

10 r. r. VII. 2, 4 sq.: 'nam cum in municipium Gaditanum ex vicino Africae miri coloris silvestres ac feri arietes sicut aliae bestiae munerariis deportarentur, M. Columella, patruus meus . . . quosdam mercatus in agros transtulit et mansuefactos tectis ovibus admisit . . . Hoc modo Columella dicebat qualemcunque speciem, quae fuerit in bestiis, per nepotum gradus mitigata feritate rediisse.'

11 auctoritate atque eruditione praeter ceteros florebat: r. r. II. 16, 4 sq.; V. 5, 15; VII. 2, 4 sq.; XII. 21, 4 sq.; in uvis conservandis satis magnam pecuniam consumebat: r. r. XII. 44, 5; diversarum condicionum agros possidebat: r. r. XII. 21, 3 sq.; ab externis arietibus emendis se non abstinuit: r. r. VII. 2, 4 sq.

12 In Hispania Baetica rem rusticam floruisse demonstrant nummi spicis ornati. Ceterum veterem Baeticae cum Africa usum intercessisse nemo nescit.

13 cf. r. r. I. praef. 20: 'vindemias condimus ex insulis Cycladibus ac regionibus Baeticis . . .' r. r. XI. 2, 60: 'Quibusdam locis, ut in Baetica maritimis regionibus et in Africa vindemia conficitur.' r. r. XI.

3, 26: 'Sunt autem complura lactucae genera . . . quae deinde candida est et crispissimi folii, ut in provincia Baetica est finibus Gaditani municipii, mense Marte recte pangitur.'

14 r. r. III. 3, 3: 'in nostris Caeretanis . . .' Columellae agrum in finibus Cerretanorum Pyrenaicorum positum fuisse censuit Beroaldus. Prope Hispaniae Baeticae oppidum Ceret domicilium nostri repertum voluit Schwabe l. l. § 293. In finibus Etruriae prope Caere oppidum Columellam habitasse nuper demonstravi in Erano, qui inscribitur: Philologisch-historische Beiträge, Curt Wachsmuth zum 60. Geburtstag überreicht, 1897. pag. 186 sqq.

15 r. r. II. 10, 18: 'Sesama . . . Sed hoc quidem semen Ciliciae Syriaeque regionibus ipse vidi mense Iunio Iulioque conseri et per autumnum, cum permaturuerit, tolli.'

16 cf. r. r. III. 9, 2: 'Ardeatino agro, quem multis temporibus ipsi ante possedimus.'

17 Alterius, quo rem rusticam tractavit, liber de arboribus saecula superavit; alterius auctor mentionem facit r. r. XI. 1, 31: 'in iis libris, quos adversus astrologos composueram.'

18 r. r. III. 9, 2: 'cum . . . et in Carseolano itemque in Albano generis Aminei vites huiusmodi notae habuerimus . . . .' Carseolanus, Albanus, Ardeatinus agri in finibus Latii siti sunt, regio Caeretana Latio finitima est; quo ex suburbano situ haud scio an nimia cum audacia Columellam Romae domicilium habuisse Barbaret collegerit, l. l. p. 22.

19 agellos enim non latifundia ipse praedia sua appellat, r. r. III. 3, 14: 'nam nec quisquam nobis facile crediderit, tantam in agellis esse nostris abundantiam . . .'

20 Vehementissime eos vituperat, qui praedia non ipsi administrant, r. r. I. praef. 3: 'Nec post haec reor intemperantia caeli nobis ista, sed nostro potius accidere vitio, qui rem rusticam pessimo cuique servorum, velut carnifici, noxae dedimus, quam maiorum nostrorum optimus quisque optime tractaverit.'

21 cf. r. r. III. 3, 13: 'quamquam nostra cura in tantum iam processit, ut non inviti sexcentis numis singula millia viviradicis a me rustici mercentur. — 22 cf. r. r. III. 13.

23 cf. de arb. 27; r. r. IV. 29, 13; V. 11, 12. v. pag. 9 sq.

24 cf. r. r. XI. 1, 31: 'Contra quam observationem multis argumentationibus disseruisse me non infitior in iis libris, quos adversus astrologos composueram. Sed illis disputationibus exigebatur id, quod improbissime Chaldaei pollicentur . . . .'

25 cf. r. r. II. 22, 5: 'Hoc loco certum habeo quosdam cum sollemnia festorum percensuerim, desideraturos lustrationum ceterorumque sacrificiorum . . . morem priscis usurpatum. nec abnuo docendi curam: sed differo in eum librum, quem componere in animo est, cum agricolationis totam disciplinam praescripsero.'

26 cf. r. r. VI. praef. 3. v. adn. 98.

27 cf. r. r. II. 2, 3; III. 10, 9 sq. etc. v. adn. 87.

28 cf. r. r. XI. 3, 38; cf. adn. 99.

29 l. l. p. 31: 'Verisimile est Columellae opus prodiisse a. 818 . . .'

30 cf. Plin hist. nat. XIV. 13: 'Vergili vatis aetate, a cuius obitu XC aguntur anni.'

31 Seneca Nomentani mentionem facit ep. mor. 104, 1 et 110, 1. Quas litteras scripsit, postquam anno 62. a Neronis aula cessit.

32 Communis fere virorum doctorum error, Columellae opus circa annum 42. p. Chr. publici iuris factum esse opinantium, loco r. r. III. 8, 2 ortus est, ubi mentio fit Iudaei celsissimo Germano procerioris a Friedlaendero aliisque iniuria pro Gabbara habiti. Plinius enim nat. hist. VII. 74 haec praebet: 'procerissimum hominem aetas nostra divo Claudio principe Gabbaram nomine ex Arabia advectum novem pedum et totidem unciarum vidit.' A quibus ut dissentit Reitzenstein, ita alia ex parte erravit. Coniecit enim l. l. p. 31, adn. 49 procerum illum Columellae Iudaeum inter Christianos post incensam Romam in circo trucidatos fuisse; unde illo ipso anno librum tertium a Columella scriptum esse concludit. V. adn. 66.

33 cf. r. r. III. 9, 2: 'in Ardeatino agro, quem multis temporibus ipsi ante possedimus.'

34 de spatio inter duo opera rustica interposito altera dissertationis parte agitur.

35 cf. r. r. XI. 1, 31: 'in iis libris quos adversus astrologos composueram.'

36 sese canum esse ipse memorat r. r. XII. 57, 5: 'non alienum puto indicem lecturis . . . . nihil dubitasse me paene infinita esse quae potuerint huic inseri materiae . . . nec tamen canis natura dedit cunctarum rerum prudentiam.' Qui quidem liber quot annis a tertio distet non satis constat.

37 cf. r. r. I. praef. 15: 'sicut M. Varro iam temporibus avorum conquestus est.'

38 r. r. I. 1, 14 et passatim. — 39 cf. pag. 9.

40 cf. Tac. ann. XIII. 30. — 41 cf. Tac. ann. VI. 4.

42 de hac priorum coniectura iam dubitavit Schwabe l. l. § 293.

43 r. r. II. 2, 1; III. 3, 14; IV. 3, 2; 3, 5; V. 1, 1; 1, 4; VI. praef. 6; X. praef. 1; v. 1; v. 433.

44 r. r. I. praef. 2; 1, 15; II, 1, 1; III. 1, 1; 7, 1; 8, 1; 9, 6; IV. 1, 1; 4, 1; VI. praef. 1; VII. 1, 1; VIII. 1, 1; IX. praef. 1; 16, 2; XI. 1, 2; XII. praef. 1; 54, 5.

45 r. r. XII. 21, 4. — 46 r. r. II. 16, 4; V. 5, 15; XII. 40; 44, 5.

47 cf. C. I. L. X. 149; 225. — 48 cf. C. I. L. XII. ind. cognominum.

49 cf. C. I. L. II. ind. cognominum.

50 cf. r. r. III. 3, 3: 'nam illa videntur prodigialiter in nostris Caeretanis accidisse, ut aliqua vitis apud te excederet uvarum numerum duorum milium et apud me octogenae stirpes insitae intra biennium

septenos culleos peraequarent . . .' r. r. III. 9, 6: 'Eius rei testimonium tu praecipue, Publi Silvine, perhibere nobis potes, cum pulchre memineris a me duo iugera vinearum intra tempus biennii ex una praecoque vite, quam in Caeretano tuo possides, insitione facta consummata.'

51 Primi rei rusticae libri praefatione ii, qui fundos servis vel colonis tradunt, vehementissime vituperantur. Ex quo colligitur eum, ad quem libri mittuntur, non alienorum curae fundum relinquere.

52 cf. r. r. IV. 1, 1: 'cum de vineis conserendis librum a me scriptum, Publi Silvine, compluribus agricolationis studiosis relegisses, quosdam repertos esse ais, qui cetera quidam nostra praecepta laudassent, unum tamen atque alterum reprehendissent.' r. r. V. 1, 1: 'Superioribus libris, quos ad te de constituendis colendisque vineis, Silvine, scripseram, nonnulla defuisse dixisti, quae agrestium operum studiosi desiderarent.'

53 cf. r. r. II. 1, 1: 'Quaeris ex me, Publi Silvine, quod ego sine cunctatione non recuso docere . . .' r. r. V. 1, 4: 'Verum quoniam familiariter a nobis tu quoque, Silvine, praecepta mensurarum desideras, obsequar voluntati tuae cum eo, ne dubites id opus geometrarum magis esse quam rusticorum, desque veniam, si quid in eo fuerit erratum, cuius scientiam mihi non vindico.'

54 cf. r. r. IX. 16, 2: 'Sed iam consummata disputatione de villaticis pecudibus atque pastionibus, quae reliqua nobis rusticarum rerum pars superest, de cultu hortorum, deinceps ita, ut et tibi et Gallioni nostro complacuerat, in carmen conferemus.' r. r. X. praef. 3: 'Quare cultus hortorum, quoniam et fructus magis in usu est, diligentius nobis, quam tradiderunt maiores, praecipiendus est: isque, sicut instituerat, prosa oratione prioribus subnecteretur exordiis, nisi propositum meum expugnasset frequens postulatio tua, quae pervicit, ut poeticis numeris explerem Georgici carminis omissas partes . . . .' r. r. XI. 1, 2: 'Sed tibi, Publi Silvine, pertinaciter expetenti versificationis nostrae gustum, negare non sustinebam . . .'

55 cf. r. r. II. 1, 2: 'Nec te ignoro cum et aliorum illustrium scriptorum, tum praecipue Tremellii auctoritatem revereri . . .'

56 cf. r. r. V. 1, 2 sq.: 'cum de commetiendis agris rationem M. Trebellius noster a me requireret . . . quod ego non agricolae sed mensoris officium esse dicebam . . . Verum quoniam . . .' v. not. 53.

57 cf. r. r. II. 1, 1: 'Quaeris ex me, Publi Silvine, quod ego sine cunctatione non recuso docere . . .' r. r. III. 7, 1 sq.: 'Sed certum habeo, P. Silvine, iamdudum te tacitum requirere, cuius generis sit ista fecunda vitis, quam nos tam accurate describimus . . . Sed proposuimus docere . . .' r. r. IV. 3, 5: 'Experto mihi crede, Silvine . . . .' r. r. X. praef. 3: 'Quare cultus hortorum, quoniam et fructus magis in usu est, diligentius nobis, quam tradiderunt maiores, praecipiendus est.' r. r. X. v. 1: 'Hortorum quoque te cultus, Silvine, docebo.' r. r. X. v. 433: 'Hactenus arvorum cultus, Silvine, docebam.'

58 cf. Senec. suas. 5, 8 contr. I, 1, 4. De Gallionis rhetoris vita

egerunt: B. Schmidt: de L. Iunio Gallione rhetore 1866 et F. G. Lindner: de Iunio Gallione commentatio 1868. Novissime locos ad eum filiumque adoptivum pertinentes collegit Dessau in Prosopographiae imp. Rom. saec. I., II., III. volumine II. — 59 cf. r. r. III. 3, 3. v. pag. 10.

60 cf. Senec. ep. 123, 1. — 61 cf. Sen. ep. 105, 1.

62 Quod in Senecae libris Columellae non fit mentio, inde non efficitur Annaeis clarissimis cum rei rusticae scriptore nihil commune fuisse.

63 cf. pag. 15. — 64 cf. r. r. IX. 16, 2. v. not. 54.

65 Gallio vita decessit brevi tempore post, quam Seneca frater diem supremum obierat. cf. Tac. ann. XV, 73. Hieron. a. Chr. 2080. Quicumque coniecturam meam probaverit, iam spernet Reitzensteini sententiam, not. 32. allatam, dummodo nostrum singulos libros publici iuris fecisse meminerit, v. pag. 40.

66 Cum Gallionem consulatum gessisse constet, non habemus, cur Volusium virum consularem Columella familiariter usum esse negemus. cf. pag. 11.

67 cf. Schneider: Scr. r. r. III. pag. 554. Forcellini — de Vit: Onomasticon I. p. 583 et II. p. 308. Klebs: Prosopogr. laud. vol. I. pgg. 185 et 360. — 68 cf. Tac. ann. I. 54; hist. II. 95.

69 De his nuperrime egit Neumann in Wissowae encyclopaedia sub vocabulo 'Augustalis'.

70 Tum Augustus ex orientis provinciis Romam rediit, unde anno a Chr. vicesimo altero profectus erat. — 71 cf. Tac. ann. I. 15 et 44.

72 anno p. Chr. n. 113. in finibus Caeritum Etruscorum pheretrium eis dedicatur — C. I. L. XI. 3614 —, unde iam antea collegium Augustalium in oppido fuisse patet.

73 Friedlaender: Petrons cena Trimalchionis Einl. p. 36: 'Vertreter des kleinstädtischen Geldprotzentums' eos appellat.

74 Quamquam cum Gallione amicitiam gessit, tamen ut popularitas, vicinitas, litterarum delectatio eos coniunxit, ita Gallionis familiaritate Columella ad aulam non admissus est.

75 Ipsum Augustalem eiusve patrem libertinum natu fuisse vel inde colligas, quod ingenuam adulescentis naturam Columella tam aperte laudat, ut humilem ortum excusare videatur.

76 a codicibus aestimandis me abstinere supra iam professus sum. v. pag. 7. Nuperrime eos recensuit Häussner: die handschriftliche Überlieferung des Columella, Karlsruhe 1889.

Optimus iudicatur codex Sangermanensis, ex quo codices Ambrosianus et Lipsiensis exscripti esse videntur. Eodem ex codice excerpta fecit Goesius, sexti decimi p. Chr. n. saeculi vir doctus.

77 cf. Mommsen: Römische Staatsaltertümer 203 sq.; 424 sq.; römische Forschungen I. 15.

78 cf. Iuniorum indicem, qui exstat in Onomastico laudato.

79 cf. Caes. B. G. V. 27. — 80 cf. Mommsen R. St. 427.

81 cf. Mommsen R. F. I. 49 sq. — 82 cf. Mommsen R. F. I. 44 sq.

83 C. I. L. II. multi Moderati inveniuntur.

84 cf. C. I. L. VIII. 1125, 3199, 3914.

85 cf. C. I. L. XII. 208, 3725.

86 Locos ad Moderatum philosophum pertinentes collectos a Schneidero, Scr. r. r. III. praef. 3, nuperrime repetivit Dessau in Prosop. laud. parte II.

87 Rh. M. XXXVII. 335 sq. — 88 Senec. contr. X. 13.

89 de cognominibus in a excidentibus appellativis masculini generis egit Angermann: Curtiusstudien V. 379 sq.

90 l. l. p. 382. — 91 cf. Mommsen R. F. I. 46 sq.

92 cf. Priscian. III. 37 et 40.

93 cf. Donati commentarium ad Terentii Phormionem, II. 1, 57: '"Bone custos salve, columen vero familiae." an culmen, columna? unde columellae apud veteres dicti servi maiores domus . . .'

94 Mart. XI. 90, 3. Nec Martialem a Donato, nec Donatum a Martiale pendere nemo nescit. Cum de lectione 'hic' consentiant, vana est Salmasii coniectura, quae in Basilii Fabri Sorani thesauro a Stuebelio et Gessnero anno 1749. iterum edito probatur. Etenim elogium columellae supra servilem conditionem esse ratus, coniecit: 'Lucili columellā hac situ' Metrophanes.

95 cf. Schneider Scr. r. r. III. p. 673.

96 Non me fugit vetusto in codice a Petro Victorio adhibito ad Columellae libros indice teste Claudi (?) Martialis cuiusdam opus assertum fuisse. Unde profecti viri docti priorum saeculorum Gargilii Martialis nomen legendum esse coniecerunt. Quibuscum facit Keil in observationibus in Catonem, 1849 editis, pag. 2. Cuius scriptorum ordinis recordatus coniciat aliquis notam nostram misere corruptam esse neque spectare ad opus ad Eprium Marcellum missum, sed ad Martialis praecepta. Qua via progressus haud scio an Barthius librum de arboribus Martiali deberi coniecerit, cuius sententia infra refelletur. v. adn. 130. Certe vero nostri loci Eprius Marcellus nihil commune habet cum Claudio isto Martiale neque habemus, cur notam de qua agimus tam misere vexatam esse credamus.

97 Tac. dial. 8. Omnes locos ad Eprium Marcellum spectantes nuperrime collegit Klebs in Prosop. l. vol. I.

98 cf. C. I. L. X. 3853. — 99 cf. Tac. ann. XIII. 33.

100 cf. Tac. ann. XVI. 22. — 101 cf. Cass. Dio. LXVI. 16.

102 l. l. pag. 36: 'id vero potius fuerit ignorare ad talem virum canino illo studio bonos adlatrandi Thraseaeque delatorem Columellam vel de agricultura libros misisse.'

103 cf. pag. 30.

104 primi libri praefatione ceteris hominum occupationibus Columella obtrectavit, quo maiore laude rusticationem afficeret. Quid mirum, si paragrapho nona legimus: 'Sed ne caninum quidem, sicut dixere veteres, studium praestantius locupletissimum quemque adlatrandi et

contra innocentes ac pro nocentibus neglectum a maioribus, a nobis etiam intra moenia et in ipso foro latrocinium?'

105 De ratione, quae intercedit inter Plinium et Columellam, luculenter verba fecit Stadler in libello, quem inscripsit: Die Quellen des Plinius im 19. Buche der naturalis historia, 1891.

106 cf. Classicorum auctorum . . . . tom. I. curante Angelo Maio, Romae 1828, p. 387 sq. Cap. 3, § 1: 'Columella cum dicat . . . . . . ut Columellae videtur.' cap. 3, 3: 'Columella describit.' cap. 4, § 6: 'Columella et Plinius in eadem fere consentiunt.' cap. 4, § 7: 'Columella et Atticos . . . putaverunt.'

107 Pelagonii artis veterinariae quae exstant nuperrime edidit Maximilianus Ihm, qui Pelagonium Arzygii, viri clarissimi, aequalem exeunte quarto p. Chr. saeculo vixisse exposuit pag. 15 sq.

108 Ex Pelagonio in Hippiatrica Graeca Gaditani nostri nomen translatum est: M 20 *νγ'* (cf. Pelag. 21): '*ἕτερον πρὸς λοιμὸν κολουμένου;*'
H 186 = M 189 *ζ'* (cf. Pelag. 32): '*πρὸς τὸ αὐτὸ προπότισμα κολουμέλου* vel *κολουμένου.*'

109 eundem inter annos 383. et 450. rei militaris epitomen edidisse nuperrime defendit Max. Ihm l. l. p. 19.

110 cf. Isid. orig. XVII. 1, 1.

111 cf. Th. Beza: Poemata iuvenilia, 1548.

112 cf. Serv. ad Aen. III. 540. — 113 cf. Cassiod. div. lect. 28.

114 Grotefend: Zeitschrift für Altertumswissenschaft 1835.

115 de tribu Galeria rustica cf. Mommsen: R. St. III. 214.

116 C. I. L. II. 1313, 1729, 1731. Accedunt inscriptiones C. I. L. II. 1726, 1727, quae, ut ad tribules Galerios pertinent, ita Gadibus reperti sunt. — 117 cf. Marquardt R. St. II. 364 sq.

118 Ex temporum more tribunatu militari functos magistratus capessivisse narrat Marquardt l. l. pag. 366 sq.

119 Cass. Dio. LV. 23. Tacitus ann. II. 79; ann. II. 81; hist. IV. 68.

120 Arch. ep. Mittl. a. Oe. VIII. 84: . . . leg. VI. ferr. in Sur . . . C. I. L. VIII. 10230, titulus in Syria repertus . . . leg. VI. ferrata.

121 Scr. r. r. ed. Gessner vol. I, praef. VII.: 'Ex eo, quod Syriam Ciliciamque se obiisse indicat II. 10, 18, forte non iniuria collegerit aliquis cum imperio, certe cum potestate ibi eum fuisse.'

122 cf. C. I. L. II. 4154, 4238, 4245.

123 cf. Mommsen R. St. III. 451 sq.

124 honorarium non funerarium elogium nostrum esse vel inde conicere licet, quod nec litteras DM, nec cursum honorum, qui vocatur, legimus. Verba inscripta integra esse, ut, cum lapis perierit, sine ulla dubitatione confirmare non licet, ita ex dispositione inscriptionis a Pacichellio tradita haud scio an meo iure colligam.

125 Ut contra temporis usum legionis cognomen ascriberet, dedicator elogii eo permotus esse videtur, quod legio VI. ferrata in Asia longinqua collocata erat.

126 Aldi praefationem Gessner libro de arboribus ascripsit, v. Scr. r. r. ed. Gessner vol. I. p. 859.

127 de arb. 1, 1: 'Quoniam de cultu agrorum . . . . praecepisse videmur . . .' r. r. III. 1, 1: '"Hactenus arvorum cultus", ut ait praestantissimus poeta.'

128 Libro antecedenti iterum primum numerum dat de arb. 3, 6: 'sapor autem, sicuti primo docuimus volumine . . .'

129 r. r. VIII. (IX. ex codicum ordine) 1, 1: 'Quae fere consummabant, Publi Silvine, ruris exercendi colendique scientiam, quaeque pecuariae negotiationis exigebat ratio, septem memoravimus libris, hic nunc sequentis numeri titulum possidebit.'

r. r. XII. 13, 1: 'id autem, ut quam optime fiat, opilionis officium est, cui septimo libro praecepta dedimus — locus laudatus exstat in corporis lib. VIII. cap. 8. r. r. X. (codicum XI.) praef: 'Foeneris tui, Silvine, quod stipulanti spoponderam tibi, reliquam pensiculam percipe. nam superioribus novem libris hac minus parte debitum, quod nunc persolvo, reddideram.'

r. r. XII. 10, 6: 'Et quoniam opportune mellis fecimus mentionem, hoc eodem tempore alvi castrandae ac mel conficiendum, cera facienda est, de quibus nono' (codicum X.) 'libro iam diximus.'

r. r. XI. (codicum XII.) 1, 2: 'et hoc undecimum praeceptum rusticationis memoriae tradidi.'

r. r. XII. 2, 1: 'Ea loca, qualia esse debeant, et in primo volumine, cum villam constitueremus, et in undecimo' (codicum XII.), 'cum de officiis villici disputaremus, iam dicta sunt.'

Iam apparet non ad librum de arboribus sed ad corporis quartum volumen redire verba: r. r. V. 5, 4: 'Sationis autem cura non alia debet esse quam quae tradita est a me tertio volumine.'

130 cf. Plin. hist. nat. XVII. 161sq.: 'Est et luxuriosa ratio vites serendi . . . In alio genere inventu novicio finditur malleolus, medullaque erasa in se colligantur ipsae caules ita, ut gemmis parcatur omni modo. tum malleolus in terra fimo mixta seritur et, cum spargere caules coepit, deciditur foditurque saepius. talis uvae acinos nihil intus ligni habituros Columella promittit, cum vivere semina ipsa perquam mirum sit medulla exempta.'

et Col. de arb. 9, 3: 'Ut autem uvae sine vinaceis nascantur, malleolum scindito ita, ne gemmae laedantur, medullamque omnem eradito, tum demum in se compositum colligato sic ne gemmas allidas atque ita terra stercorata deponito et rigato. cum coles agere coeperit, saepe et alte refodito. Adulta vitis tales uvas sine vinaceis creabit.'

Hisce locis nixus iam Pontedera Columellam libri de arboribus auctorem renuntiavit. Pontederae notas in editione Gessneri ascriptas legis. Iam refutatus est Barthius, qui Advers. XXXVIII. Gargilio Martiali librum de arboribus deberi somniavit.

131 Duodecim voluminum opus integrum esse, cum ex locis nota 129 exscriptis tum ex librorum conexu intellegitur. Neque enim solum ad libros, quos iam miserat, Columella Silvinum relegavit, sed etiam, quae proximis libris disserturus sit, significavit cf. r. r. II. 1, 1; II. 22, 6; III. 1, 1; III. 13, 10; III. 21, 11; IV. 1, 1; IV. 4, 1 et 2; IV. 22, 9; IV. 29, 5; V. 1, 1; V. 12, 5; VI. 2, 8; VII. 1, 3; VII. 3, 12; VII. 5, 1; VII. 5, 4; VII. 5, 14; VII. 5, 22; VII. 12, 1; VIII. 1, 1; IX. 16, 2; X. praef. 1; XI. 1, 1; XI. 2. 62; XI. 2, 64; XII. 1, 1; XII. 2, 1; XII. 18, 1. Omnes loci neque maioris operis tomum periisse neque ullum subditicium librum in Columellae corpus irrepsisse demonstrant.

132 cf. de arb. 1, 1. — 133 cf. de arb. 17, 1.

134 de Vergilii Georgicis ipse infra agam.; de Magonis libris latine versis verba fecit Reitzenstein l. l. p. 47 sq.

135 cf. de arb. 4, 1. — 136 cf. de arb. 5, 5.

137 cf. de arb. 17, 1. — 138 cf. de arb. 26, 1; 27, 1.

139 cf. de arb. 28, 1.

140 cf. de arb. 1, 4: 'Optimum est itaque eodem agro, quo vitem dispositurus es, vel certe vicino facere seminarium . . .'

et r. r. III. 5, 1 sq.: 'Vitiarium neque ieiuna terra neque uliginosa faciendum est . . . Prudentis autem coloni est ex deteriori terra potius in meliorem quam ex meliore in deteriorem transferre. Propter quod mediocritas in electione loci maxime probatur, quoniam in confinio boni malique posita est.'

141 Ipsa testium nomina ubique profert. Quod cur faciat eruendi r. r. III. 10, 20 sq. ansas dant: 'itaque huius rationis demonstratorem magis esse me quam inventorem libenter profiteor: ne quis existimet fraudari maiores nostros laude merita. nam id ipsum censuisse eos non dubium est, quamvis nullo alio sit scripto proditum, exceptis quae retulimus metris Vergilii: et hic tamen, ut de seminibus leguminum praecipiatur. Cur enim aut e duro natam virgam aut etiam ex fecundo malleolo, quem ipsi probassent, decisam sagittam repudiabant, si nihil interesse ducebant, ex quo loco semina legerentur?'

An iniuria conicio summa cum diligentia nostrum testes citare, postquam, quod alio quodam in opere doctrinae fontes celavisset, ei opprobrio datum sit? — 142 v. pag. 40. — 143 l. l. pag. 9 sq.

144 De Celso encyclopaediae auctore egit O. Jahn: Berichte der sächsischen Gesellschaft der Wissenschaften 1850; de Celsi libris rusticis disseruit Reitzenstein l. l. pag. 30.

145 cf. Reitzenstein l. l. pag. 41 sq.

146 cf. Reitzenstein l. l. pag. 27 sq. Quod in duodecim librorum opere Columella multis locis contra Atticum contendit, cum prioribus praeceptis edendis operam noster navaret, illius libellum nondum in publicum prodisse statuo.

147 An quisqam fieri potuisse credat, ut advena Hispanus, Italiae insuetus, Latinos agricolas doceret?

148 Si, antequam in Cilicia Syriaque versatus est, complures per annos in Italia agriculturae se dedidisset, maior natu evasisset, quam ad quem tribunatus militaris deferretur.

149 v. pag. 10, pag. 40.

150 Quae Pontedera exposuit apud Gessnerum leguntur: Scr. r. r. ed. Gessner vol. I. pag. 859 sq.

151 Humanitatis politioris vestigia ex genere scribendi ad auream latinitatem redeunte cognoscuntur. De Columellae verborum supellectile agere coepit Prix: Sprachliche Bemerkungen zu Columella, Baden i. Oe. 1883. Adde Helmreich: Blätter für das bayrische Gymnasialwesen XVIII. 193 sq. Quos libellos qui evolverit, dubito num assentiat Schillero, qui, cum imperatorum Romanorum tempora describeret, Columellae cum alio tum hoc modo maledixit, H. Schiller: Geschichte der römischen Kaiserzeit I. 478: 'Im Allgemeinen ist der Schriftsteller über die Gestalt seines Stoffes nicht Meister geworden, die Sprache kunstlos, ja roh.'

Addo verba Schanzii a Schillero valde dissentientis — Schanz, Geschichte der römischen Litteratur II. 463 —: 'Seine Schrift soll die Liebe zur Landwirtschaft und damit auch die Liebe zum einfachen Leben erwecken. Um dieses Ziel zu erreichen, musste er vor allem seinen Stoff in eine schöne Form kleiden, dem Leser sollte die Lektüre der Schrift eine Freude sein. Man muss gestehen, dass das Ziel mit Ausnahme weniger Partien, welche eine gefällige Darstellung ausschlossen, erreicht ist.'

152 cf. r. r. I. praef. 29 sq.

153 cf. arb. 1, 1: 'Placet igitur sicut Vergilio nobis quoque . . .'

154 cf. pag. 43.

155 Rusticationem vilicis relinqui, latifundia Italiam perdere non semel scriptores querebantur. Rei rusticae novam ad dignitatem producendae Maecenate auctore iam Vergilium studuisse nemo nescit. Praeter Maronis carmina Augusto imperante nullum de rebus rusticis librum prodisse monuit Reitzenstein l. l. p. 27 sq.

156 v. pag. 53.

157 Iulium Atticum Cornelio Celso paullo maiorem esse, in hoc Iulium Graecinum niti persuasit mihi Reitzenstein l. l. p. 27 sqq.

158 cf. Wiskemann: Die antike Landwirtschaft 1859.

159 cf. r. r. I. 1, 14: 'Iulius Atticus . . . Hic de una specie culturae pertinentis ad vites singularem librum edidit.'

160 cf. r. r. I. 1, 14: 'quippe Cornelius totum corpus disciplinae quinque libris complexus est.'

161 cf. r. r. I. 1, 14: 'Atticus . . . cuius velut discipulus duo volumina similium praeceptorum de vineis Iulius Graecinus composita facetius et eruditius posteritati tradenda curavit.'

Plin. nat. hist. XIV. 33: 'Graecinus, qui alioqui Cornelium Celsum transscripsit.'

162 cf. r. r. XI. 1, 31: 'in iis libris, quos adversus astrologos composueram.'

163 cf. r. r. X. praef. 1: 'foeneris tui, quod stipulanti spoponderam tibi . . .'

164 cf. r. r. IX. 16, 2: 'quae reliqua nobis rusticarum rerum pars superest, in carmen conferemus.'

r. r. X. praef. 1: 'foeneris tui . . . reliquam pensiculam percipe.'

r. r. XI. 1, 2: 'numerum, quem iam quasi consummaveram, voluminum excessi et hoc undecimum praeceptum rusticationis memoriae tradidi.'

165 cf. r. r. XI. 1, 2: 'quae quamvis primo rei rusticae libro videbar aliquatenus exsecutus.'

166 Sequor coniecturam Guilandini; v. Gessner: Scr. r. r. I. pag. 492. De palma enim campestri Columella omnino non egit, cannam, id est arundinem, in vineae pedamentis numeravit, v. r. r. IV. 32.

167 'ne hoc' praebent codices, 'ne' omisso 'hoc' editiones I. B. R.

168 textum restituit Lundström: Eranos I. fasc. 1.

169 cf. r. r. III. 4, 3: 'Post haec deinde meminerit accurate vineis locum eligere: de quo cum iudicaverit, maximam diligentiam sciat adhibendam pastinationi: quam cum peregerit, non minore cura vitem conserat et, cum severit, summa sedulitate culturae serviat.' — Haec dispositio libri III. capita quae sequuntur, totum librum IV., libri V. septem capita amplectitur.

170 Etenim cum agris administrandis ipse operam navaret, hiberno tantum tempore litterarum studiis vacavit.

Hoc argumento refellitur Reitzenstein, qui Iudaeum illum a Columella memoratum inter Christianos post Romam incensam in circo trucidatos fuisse concludit, quamquam nonus quoque Columellae liber Gallione vivo compositus est.

171 Atticus et Graecinus solam vitium curam enarraverant, neque Celsus, cum orbis doctrinam colligeret, ad arbores animum attendisse videtur. Quare Columella non habuit, quod aequalium sententias spectaret. Accedit, quod agricolae Italici in vitibus colendis versati arborum culturae non studebant. Quae cum ita essent, Columella pristinorum praeceptorum omnia fere verba et litteras in alterius operis quintum librum transscripsit.

172 Digressionum ab ipso nullo rogante insertorum exempla supra exscripsi, v. pag. 38. Silvini precibus commotus tribus quinti libri capitibus mensurarum praecepta dedit.

173 Sola vilici officia enarraturus plane omisit pecoris curam, quam patresfamiliae vel sibi reservabant. — cf. r. r. VIII. 11, 1: 'Pavonum educatio magis urbani patris familiae quam tetrici rustici curam poscit' — vel pecoris magistris in pascuis versantibus tradebant — cf. r. r. VI. sq. —. Pecorum non facit mentionem, nisi si de usura ex eis habenda aut de agris ab eis tuendis agitur: § 14: . . . 'maturi agni et reliqui foetus pecudum nec minus maiora quadrupedia charactere sig-

nari debent' — i. e. possessoris signum accipiunto. — § 27. 'Prata purgare et a pecore defendere iam tempestivum est.' § 33. 'Quinetiam pecus lanatum ceteraque quadrupedia tempus idoneum est castrandi.' — Nimirum castrata quadrupedia pinguia facta veneunt. § 35. 'Oves Tarentinae radice lanaria lavari debent, ut tonsurae praeparentur.' — ex lana detonsa pecunia paritur. § 38. 'secundi foetus pecudes signari oportet.' § 44. 'Quibusdam regionibus oves nunc tondentur et pecoris nati aut omissi ratio accipitur.' § 48. 'Ante solstitium pabulum (si facultas est) vel nunc vel etiam superioribus XV diebus, qui fuerint ante Calen. Iunii pecori' — in stabulis nimirum contenti — 'praeberi oportet. A. Cal. autem Iuniis, si iam deficit viridis herba, usque in ultimum autumnum frondem caesam praebebimus.' § 50. 'Sed et viciam in pabulum secare oportet, priusquam siliquae eius durentur.' § 55. 'Meminisse autem oportebit, ut per hos et Augusti mensis dies antelucanis et vespertinis temporibus frondem pecudibus caedamus.' § 71. 'farraginaria quoque pecori futura per hiemem praesidio; itemque siliquam, quod rustici foenum Graecum vocant, nec minus in pabulum vicia nunc demum conseritur.'

174 cf. r. r. XI. 3, 53: '. . . apud Aegyptiae gentis Bolum Mendesium legimus.'

175 cf. r. r. XII. 4, 2: 'nam et Mago Carthaginiensis et Hamilcar, quos secuti videntur Graecae gentis non obscuri scriptores, Mnaseas atque Paxamus, tum demum nostri generis, postquam a bellis otium fuit, quasi quoddam tributum victui humano conferre dedignati non sunt, ut M. Ambivius et Maenas Licinius, tum etiam C. Matius; quibus studium fuit pistoris et coci, nec minus cellarii diligentiam suis praeceptis instituere.'

176 cf. Reitzenstein l. l. p. 47. Neque vero viro docto concedo Columellam ipsum in Baetica Hispania ortum Boli laudatorem Hamilcaris scripta non legisse.

177 r. r. XII. praef. 1: 'Xenophon Atheniensis eo libro, Publi Silvine, qui Oeconomicus inscribitur, prodidit . . . quod iam pridem etiam Cicero ait . . .'

r. r. XII. praef. 7: 'Haec in Oeconomico Xenophon et deinde Cicero, qui eum Latinae consuetudini tradidit, non inutiliter disseruerunt.'

r. r. XII. 2, 6: 'de quibus omnibus M. Cicero auctoritatem Xenophontis secutus in Oeconomico sic . . .'

178 Vilicus praedio administrando praepositus indice usus, quae discere volebat, in decem librorum corpore evolvebat. Vilica domesticis curis praeposita neque habuit, cur praecepta in corpus collecta inspiceret neque omnino, ut erat mulier serva, ad quaestiones perspiciendas satis docta erat.

179 cf. Gell. praef. 25.

180 cf. J. B. Morgagni epist. I. ad Iacobum Facciolatum § 63; v. Gessner: Scr. r. r. II. 348 sq.

181 cf. r r. I. 1, 7—14: 'Magna porro et Graecorum turba est, de

rusticis rebus praecipiens, cuius princeps celeberrimus non minimum professioni nostrae contulit Hesiodus Boeotius. Magis deinde eam iuvere fontibus orti sapientiae Democritus Abderites, Socraticus Xenophon, Tarentinus Archytas, Peripatetici magister ac discipulus, Aristoteles cum Theophrasto. Siculi quoque non mediocri cura negotium istud prosecuti sunt, Hieron et Epicharmus discipulus, Philometor et Attalus. Athenae vero scriptorum frequentiam pepererunt, e queis probatissimi auctores Chaereas, Aristandros, Amphilochus, Euphron, Chrestus Euphronis, non, ut multi putant, Amphipolites, qui et ipse laudabilis habetur agricola, sed indigena soli Attici. Insulae quoque curam istam celebraverunt, ut testis est Rhodius Epigenes, Chius Agathocles, Euagon et Anaxipolis Thasii. Unius quoque de septem, Biantis illius populares Menander et Diodorus in primis sibi vindicaverunt agricolationis prudentiam. Nec his cessere Milesii Bacchius et Mnaseas, Antigonus Cymaeus, Pergamenus Apollonius, Dion Colophonius, Hegesias Maronites. Nam quidem Diophanes Bithynius Uticensem totum Dionysium, Poeni Magonis interpretem, per multa diffusum volumina, sex epitomis circumscripsit. Et alii tamen obscuriores, quorum patrias non accepimus, aliquod stipendium nostro studio contulerunt. Hi sunt Androtion, Aeschrion, Aristomenes, Athenagoras, Crates, Dadis, Dionysius, Euphyton, Euphorion. Nec minori fide pro virili parte tributum nobis intulerunt Lysimachus et Cleobulus, Menestratus, Plentiphanes, Persis, Theophilus. Et ut agricolationem Romana tandem civitate donemus (nam adhuc istis auctoribus Graecae gentis fuit) iam nunc M. Catonem, Censorium illum memoremus, qui eam Latine loqui primus instituit. post hunc duos Sasernas, patrem et filium, qui eam diligentius erudierunt, ac deinde Scrofam Tremellium, qui eam eloquentem reddidit, et M. Terentium, qui expolivit, mox Vergilium, qui carmine quoque potentem fecit. Nec postremo quasi paedagogi eius meminisse dedignemur, Iulii Hygini: veruntamen ut Carthaginiensem Magonem rusticationis parentem maxime veneremur. nam huius octo et viginti memorabilia illa volumina ex senatus consulto in Latinum sermonem conversa sunt. Non minorem tamen laudem meruerunt nostrorum temporum viri, Cornelius Celsus et Iulius Atticus, quippe Cornelius totum corpus disciplinae quinque libris complexus est. hic de una specie culturae pertinentis ad vites singularem librum edidit. Cuius velut discipulus duo volumina similium praeceptorum de vineis Iulius Graecinus composita facetius et eruditius posteritati tradenda curavit.'

182 E. g. Boli Mendesii bis facit mentionem: r. r. VII. 5, 17: 'Sed Aegyptiae gentis auctor memorabilis, Bolus Mendesius, cuius commenta, quae appellantur Graece ὑπομνήματα sub nomine Democriti falso produntur, censet . . .' et r. r. XI. 3, 53: 'apud Aegyptiae gentis Bolum Mendesium legimus . . .'

183 Varr. r. r. I. 1, 8 sq.: 'Qui Graece scripserunt dispersim, alius de alia re, sunt plus quinquaginta. Hi sunt, quos tu habere in consilio

poteris, cum quid consulere voles, Hieron Siculus et Attalus Philometor: de philosophis Democritus physicus, Xenophon Socraticus, Aristoteles et Theophrastus peripatetici, Archytas Pythagoraeus, item Amphilochus Atheniensis, Anaxipolis Thasius, Apollodorus Lemnius, Aristophanes Mallotes, Antigonus Cymaeus, Agathocles Chius, Apollonius Pergamenus, Aristandros Atheniensis, Bacchius Milesius, Bion Soleus, Chaeresteus et Chaereas Athenienses, Diodorus Prienaeus, Dion Colophonius, Diophanes Nicaeensis, Epigenes Rhodius, Euagon Thasius, Euphronii duo, unus Atheniensis alter Amphipolites, Hegesias Maronites, Menandri duo, unus Prienaeus, alter Heracleotes, Nicesius Maronites, Pythion Rhodius. De reliquis, quorum quae fuerit patria, non accepi, sunt Androtion, Aeschrion, Aristomenes, Athenagoras, Crates, Dadis, Dionysius, Euphyton, Euphorion, Eubulus, Lysimachus, Mnaseas, Menestratus, Plentiphanes, Persis, Theophilus. hi quos dixi omnes soluta oratione scripserunt; easdem res etiam quidam versibus, ut Hesiodus Ascraeus, Menecrates Ephesius. hos nobilitate Mago Carthaginiensis praeteriit Poenica lingua, qui res dispersas comprendit libris XXIIX, quos Cassius Dio Uticensis vertit libris XX ac Graeca lingua Sextilio praetori misit: in quae volumina de Graecis libris eorum, quos dixi, adiecit non pauca et de Magonis dempsit instar liborum VIII. hosce ipsos utiliter ad VI libros redegit Diophanes in Bithynia et misit Deiotaro regi.'

184 Quamquam praeter Atticum, Celsum, Graecinum omnes, qui enumerantur, scriptores tum opera sua iam publici iuris fecerant, tamen omnium eorum notitia nixum priora praecepta rustica Columellam edidisse Stadlerus l. l. p. 15 mihi non persuasit.

185 l. l. pag. 38.

186 cf. r. r. I. praef. 30: 'An Latinae musae non solos adytis suis Accium et Vergilium recepere . . .?'

187 cf. r. r. I. praef. 29: 'quod in oratore iam M. Tullius rectissime dixit.'

188 cf. r. r. IX. 2, 3 sq.: 'ut Euhemerus poeta dicit' . . . 'ut scribit Euhemerus . . .'

189 cf. r. r. IX. 2, 4: 'ut Nicander.'

190 cf. r. r. I. 4, 3: 'Quod Attilius aetatis suae agricolis maiore cum auctoritate suadebat peritus usu. nam Pupiniae pestilentis simul et exilis agricultorem fuisse eum loquuntur historiae.'

191 cf. r. r. II. 22, 5: 'Nos apud pontifices legimus . . .'

192 cf. r. r. V. 1, sq. r. r. XI. 2. v. pag. 44 — 193 cf. pag. 52 sq.

194

cf. Cat. de r. r. 41, 3:	et Col. de arb. 8, 3:
'Tertia insitio est: Terebra vitem, quam inseres, pertundito, eo duos surculos vitigineos, quod genus esse voles, insectos obliquos artito ad medullam: facito iis medullam cum	'Quibusdam antiquorum terebrari vitem placet atque ita leviter adrasos surculos demitti. sed nos meliore ratione hoc idem fecimus.'

cf. Cat. de r. r. 41, 3: et Col. de arb. 8, 3: medulla coniungas artitoque ea qua terebraveris alterum ex altera parte.'

195 cf. r. r. I. praef. 30 sq. — 196 cf. pag. 36.

197 Ex scriptorum libris consecutus est scientiam regionum Italiae, quas eum visitasse Du Petit-Thouars Franco-Gallus iniuria opinatus est. Etenim Saserna fundum in Gallia citeriore possedit — cf. Varr. r. r. I. 18, 6 —; Scrofa autem Galliam transalpinam se peragrasse apud Varronem enarrat — cf. Varr. I. 7, 8. Adde, quod Varro cum multarum disciplinarum tum multarum terrarum cognitionem amplexus est. Iam librorum studio non itinerum memoria nixum Columellam de Allobrogum — r. r. XII. 23, 1 — aliorumque moribus verba facere intellegis.

198 Varronis grammaticam doctrinam redolet Columellae locus, scilicet non ex illius libris exscriptus, sed illum aemulandi studio ortus. Dico de sexti libri praef. § 3 sq.: 'Nec tamen ulla regio est, in qua modo frumenta gignantur, quae non ut hominum ita armentorum adiumento iuvetur. unde etiam iumenta nomen a re traxere, quod nostrum laborem vel onera subvectando vel arando iuvarent . . . . . nomina quoque pecuniae et peculii tracta videntur a pecore.'

199 Ad Celsum haud scio an redeant Columellae praecepta ad medicinam artem pertinentia. Exempli gratia affero locum r. r. XI. 3, 38: 'Rutam autumno semine satam mense Martio differre oportet in apricum et cinerem aggerere, runcarique donec convalescat, ne herbis enecetur. sed velata manu debebit runcari, quam nisi contexeris, perniciosa nascantur ulcera. Si tamen per ignorantiam nuda manu runcaveris et prurigo atque tumor incesserit, oleo subinde perungito. eiusdem frutex pluribus annis permanet innoxius, nisi si mulier, quae in menstruis est, contigerit eum et ob hac exaruerit.'

200 ad has quaestiones attingendas quod me convertit, Wachsmutho, praeceptori carissimo, gratias habeo.

201 bis ipse Varronem laudat: § 5. 'actus minimus (ut ait M. Varro) . . .' et § 7. 'centuriam nunc dicimus (ut idem Varro ait) . . .' In Varronis libris qui exstant ad agrimensorum vocabula pertinet primi rei rusticae libri caput decimum. Illo neque actus minimi fit mentio neque centuriae vocis ortus pari modo enarratur. Quare dubitet aliquis, utrum Schoettgenum virum doctum secutus — cf. Gessner, Scr. r. r. I. p. 568 — in Varronis loco quaedam intercidisse opinetur an Columellam Varronis librum de mensuris adhibuisse coniciat.

202 cf. r. r. V. 1, 4: 'ne dubites id opus geometrarum magis esse quam rusticorum desque veniam, si quid in eo fuerit erratum, cuius scientiam mihi non vindico.'

203 cf. die Schriften der römischen Feldmesser, herausgegeben und erläutert von F. Blume, K. Lachmann und A. Rudorff, vol. I. p. 354 sq.

204 Un nouveau texte des traités d' arpentage et de géometrie d' Epaphroditus et de Vitruvius Rufus, publié d' après le ms. Latin

13 084 de la bibliothèque royale de Munich par M. Victor Mortet avec une introduction de M. Paul Tannery. Tiré des Notices et extraits des manuscripts de la bibliothèque nationale et autres bibliothèques, tome XXXV, 2e partie. MDCCCXCVI.

205 cf. Curtze: Deutsche Litteraturzeitung 1897, col. 414 sq.

206 hoc unum praeceptum exempli instar exscripsi addito Columellae loco.

Mortet-Tannery pag. 22 sq.:

'Ager est longus pedum CXX, latus pedum LXX, in quo arbores dispositae sunt inter pedes V; si vis scire numerum arborum qui(!) in eo consitae sunt, sumas longitudinis partem quintam, hoc est XXIIII, similiter et latitudinis quintam partem, quod XIIII His adicias asses singulas, ut fiant viginti quinque et quindecim. Dehinc multiplices latitudinem per longitudinem sive longitudinem per latitudinem: quindecies enim XXV sive vicies quinquies XV faciunt trecentos septuaginta quinque. Tot sunt enim arbores sitae in agro predicto.'

Col. r. r. V. 3, 1 sq.:

'Esto ager longus pedes mille ducentos, latus pedes CXX. in eo vites disponendae sunt ita, ut quini pedes inter ordines relinquantur. Quaero, quot seminibus opus sit, cum quinum pedum spatia inter semina desiderantur. Duco quintam partem longitudinis, fiunt CCXL et quintam partem latitudinis, hoc est XXIIII. his utrisque summis semper singulares asses adicio, qui efficiunt extremos ordines, quos vocant angulares. Fit ergo altera summa ducentorum quadraginta unius, altera viginti quinque. Has summas sic multiplicato: quinquies et vicies duceni quadrageni singuli fiunt sex millia et viginti quinque.'

207 l. l. col. 415. — 208 Cantor: Vorlesungen über Geschichte der Mathematik, Leipzig 1894, vol. I. pag. 509 sq.

209 cf. r. r. I. praef. 22: 'siderum ortus et occasus memoria repetat, ne imbribus ventisque imminentibus opera inchoet laboremque frustretur.'

210 cf. Plin. n. h. XVIII. 211. — 211 cf. Col. r. r. IX. 14, 12.

212 Grammaticum eum fuisse locus Gellianus noct. att. V. 20 docet 'Soloecismus latino vocabulo a Sinnio Capitone eiusdemque aetatis aliis imparilitas appellatus, vetustioribus Latinis stribiligo dicebatur a versura videlicet et pravitate tortuosae orationis tanquam 'strobiligo' quaedam. Quod vitium Sinnius Capito in litteris, quas ad Clodium Tuscum dedit, hisce verbis definit: Soloecismus est, inquit, impar atque inconveniens compositura partium orationis.'

Ad eundem pertinere videntur Servii loci ad Aen. I. 52, 176; II. 229; XII. 657.

213 Ioannis Laurentii Lydi liber de ostentis ex codicibus italicis auctus et calendaria graeca omnia; ed. C. Wachsmuth 1863, pag. XXXVII.

214 cf. I. v. Müller: Handbuch der klassischen Altertumswissenschaft I[2], pag. 801.

215 cf. e. g.:

Col. r. r. XI. 2, 5: III. Calend. Febr. Delphinius incipit occidere. item fidicula occidit. Pridie Calen. Februar. eorum, quae supra sunt, siderum occasus, tempestatem facit: interdum tantummodo significat.

et Lyd. de ostent. 59: τῇ πρὸ δ' καλενδῶν ὁ δελφὶν δύεσθαι μελετᾷ. τῇ πρὸ γ' καλενδῶν ἡ λύρα περὶ τὴν πρώτην φυλακὴν τῆς νυκτὸς ἄρχεται δύεσθαι ἐκ μέρους καὶ συννέφεια ἔσται καὶ σφοδρὸς βορρᾶς μετὰ βροχῆς. τῇ πρὸ α' καλενδῶν Φεβρουαρίων ὑετὸς χιόνι μεμιγμένος.

216 Exempli gratia memoro utrumque Caesaris vestigia secutum lyrae ortum nonis Ianuariis iniuria ascribere. De quo Caesaris errato vide, quaeso, Plut. Caes. 39.

217 Columella r. r. XI. 2, 21 haec praebet: 'X. Cal. Martii Leo desinit occidere; venti Septentrionales, qui vocantur Ornithiae, per dies triginta esse solent, tum et hirundo advenit.' Idem ventorum nomen affert Aristot. Meteor. II, 5: 'μετὰ τὰς χειμερινὰς τροπὰς πνέουσιν αἱ ὀρνιθίαι.' Duo eorum nomina legimus apud Plinium, n. h. II. 122: 'Favonium quidam a. d. VIII. Cal. Martias Chelidoniam vocant ab hirundinis visu: nonnulli vero ornithiam ab adventu avium uno et LXX. die post brumam flantem dies novem.' Chelidoniae nomen apud Lydum receptum videmus: 'τῇ πρὸ ι' καλενδῶν βορρᾶς μετὰ βροχῆς· καὶ ὁ λέων δύεται. ἄρχονται δὲ οἱ βορραῖ, οἱ λεγόμενοι χελιδόνιοι, οἳ πεφύκασιν ἐπὶ τριάκοντα ἡμέρας πνεῖν καὶ φαίνεται χελιδών.'

218 Ipse procul dubio, ut erat diligens grammaticus, testium nomina addidit. Lydus vero omissis dissensus auctoribus e. g. bis autumni initium indicat: 'τῇ πρὸ γ' εἰδῶν (Αὐγ.) δύεται ἡ λύρα ὄρθρου. τὸ φθινόπωρον ἄρχεται καὶ ἀνεμομαχία.' et 'τῇ πρὸ ις' καλενδῶν (Σεπτ.) ἀρχὴ φθινοπώρου.'

219 cf. Ribbeck: Proleg. ad. Verg. p. 201 sq.

220 cf. Schroeter: de Columella Vergilii imitatore, Ienae 1882 et Stettner: de L. Iunio Moderato Columella Vergilii imitatore, Tergestae 1892.

221 Verg. Ecl. VII. 54 : Col. r. r. VII. 10, 8; Verg. Ge. I. 43 : Col. r. r. XI. 2, 1; Verg. Ge. I. 53 : Col. r. r. V. 5, 7; VIII. 17,7; Verg. Ge. I. 77 : Col. r. r. II. 14, 3; Verg. Ge. I. 204 sqq. : Col. r. r. XI. 31; Verg. Ge. I. 214 : Col. r. r. II. 8, 3; Verg. Ge. I. 219 sqq. : Col. r. r. II. 8, 1; Verg. Ge. II. 1 : Col. r. r. III. 1, 1; Verg. Ge. I. 272 : Col. r. r. II. 22, 12; Verg. Ge. II. 10 sq. : Col. r. r. III. 1, 1; Verg. Ge. II. 109 : Col. r. r. VII. 2, 2; Verg. Ge. II. 238 sqq. : Col. r. r. III. 1, 9; Verg. Ge. II. 298 : Col. r. r. III. 12, 5; Verg. Ge. II. 412 : Col. r. r. I. 3, 8; Verg. Ge. III. 311 : Col. r. r. VII. 6, 2; Verg. Ge. III. 387 : Col. r. r. VII. 3, 1; Verg. Ge. III. 392 : Col. r. r. III. 21. 4; Verg. Ge. III. 420 sqq. : Col. r. r. VII. 4, 6; Verg. Ge. III. 453 : Col. r. r. VII. 5, 10; Verg. Ge. III. 459 : Col. r. r.

VII. 5, 10; Verg. Ge. IV. 99 : Col. r. r. IX. 8, 2; Verg. Ge. IV. 152 : Col. r. r. IX. 2, 3.

222 Verg. Ecl. I. 22 : Col. r. r. III. 9, 5; Verg. Ecl. I. 270 : Col. r. r. II. 22, 1; Verg. Ge. II. 204 : Col. r. r. II. 2, 4; V. 4, 2; Verg. Ge. II. 348 sq. : Col. r. r. III. 15, 4; Verg. Ge. III. 266 sq. : Col. r. r. VI. 27, 5; Verg. Ge. III. 442 : Col. r. r. VII. 5, 5; Verg. Ge. III. 444 : Col. r. r. VII. 3, 10; Verg. Ge. IV. 11 : Col. r. r. IX. 4, 1; Verg. Ge. IV. 21 : Col. r. r. IX. 5, 4; Verg. Ge. IV. 28 : Col. r. r. IX. 5, 5.

223 utrum Goesius 'turbentur' cum Sangermanensi legerit an ex Vergilio sumpserit, antequam Columellae Suecana editio publici iuris facta erit, diiudicare non poterimus.

224 Legimus apud

Plin. n. h. XIX. 68:

'Columella tradit suum commentum, ut toto anno contingant, fruticem rubi quam vetustissimum in apricum locum transferre et recidere duum digitorum relicta stirpe circa vernum aequinoctium. ita in medulla rubi semine cucumeris insito, terra minuta fimoque circumaggeratas resistere frigori radices.'

r. r. XI. 3, 53:

'Nos autem leviore opera istud fieri apud Aegyptiae gentis Bolum Mendesium legimus, qui praecipit aprico et stercoroso loco alternis ordinibus ferulas, alternis rubos in hortis consitas habere, deinde eas confecto aequinoctio paululum infra terram secare et ligneo stilo laxatis vel rubi vel ferulae medullis stercus immittere atque ita semina cucumeris inserere, quae scilicet incremento suo coeant rubis et ferulis. nam ita non sua sed quasi materna radice aluntur, sicque insitam stirpem frigoribus quoque cucumeris praebere fructum.'

225 Plin. n. h. XV. 65 sq.:

'alii singulis malis singula vasa fictilia adsignant. Columella auctor est in puteos cisternasve in fictilibus vasis pice diligenti cura inlitis mergi.'

r. r. XII. 44 sq.:

tradit Columella patruum uvas in latis vasis conservasse, mala in scrobe imponenda esse docet, de vasis fictilibus nihil addit.

226 Plin. n. h. VIII. 153:

'Columella auctor est, si XL. die quam sit natus, castretur morsu cauda, summusque eius articulus auferatur, sequi nervum exempto nec caudam crescere, nec canes rabidos fieri.'

Col. r. r. VII. 12, 14:

'Catulorum caudas post diem quadragesimum, quam sint editi, sic castrare conveniet. nervus est, qui per articulos spinae prorepit usque ad ultimam partem caudae: is mordicus comprehensus et aliquatenus eductus abrumpitur: quo facto neque in longitudinem cauda foedum capit incrementum et, ut

Plin. n. h. VIII. 153:	Col. r. r. VII. 12, 14: plurimi pastores affirmant, rabies arcetur letifer morbus huic generi.'
XVIII. 69 sq.: '. . . ob nimia frigora . . . . . . eadem causa et trimenstria invenit detinentibus terras nivibus, quod tertio fere a satu mense cum et in reliquo orbe metitur. totis hoc Alpibus notum et hiemalibus provinciis nullum hoc frumento laetius unicalamum, praeterea nec usquam capax, seriturque non nisi tenui terra. Est et bimestre . . . in tantum fallitur Columella, qui ne trimestri quidem proprium genus existimaverit esse, cum sit antiquissimum. Graeci setanion vocant.'	r. r. II. 9, 7 sq.: 'Sed est et altera (satio), cum cogit necessitas: trimestrem vocant agricolae, ea locis praegelidis ac nivosis, ubi aestas est humida et sine vaporibus, recte committitur. ceteris admodum raro respondet. quam tamen ipsam celeriter et utique ante aequinoctium vernum conveniet peragere. si vero locorum et caeli conditio patietur, quanto maturius severimus tanto commodius proveniet. neque enim est ullum sicut multi crediderunt, natura trimestre semen: quippe idem iactum autumno melius respondet.'
XVIII. 303: 'Columella et favonium ventum confecto frumento praedicat, quod miror equidem siccissimum alioqui.'	II. 21, 5: 'At ubi paleis immista sint frumenta, vento separentur. Ad eam rem Favonius habetur eximius, qui lenis aequalisque aestivis mensibus perflat.'

227 Hoc argumentum supra significavi, cum Plinium vetare scriberem, ne brevius Columellae opus ex maiore excerptum esse credamus. v. pag. 29. — 228 cf. pag. 30.

229 Garg. Mart. frag. Neap., cap. 3 — de amygdalis —: 'Ibi tria amygdala in medio trina angulari lege disponunt, quo inter se non palmo, ut Columellae videtur, sed . . . separentur . . . Columella cum dicat ''anceps nucis ad fabonium spectet''.' Bis eisdem verbis Columella idem praecipit, de arb. XXII. 2 = r. r. V. 10, 13: '(ut nux) a nuce minime palmo absit et anceps ad Favonium spectet.'

Garg. Mart. l. l. IV. 7: 'Maiori parti placet in pastinatis omnino ponere, ita ut terra confracta in duorum pedum altitudinem sublevetur. Columella et Atticus addendum adhuc altitudini semissem putaverunt.' cf. r. r. IV. 13.

230 Buresch, Klaros 1889, pag. 15 sq. Solini verba 40, 10: medius mons Lydiae Tymolos (Bu) croco florentissimus ex Columellae loco r. r. III. 8, 4: 'Ti(?)molon et Corycon florere croco' sumpta esse coniecit.

231 de pecudibus signandis septimo libro nihil legitur.

232 vinacea stercori mista vites iuvari maiore in opere noster non repetit.

233 in libro de arboribus ulmorum seminarii non fit mentio.

234 non ex libri de arb. cap. 5., ubi non unam sed duas materias relinquendas auctor praecipit.

235 non ex l. de arb. 7, 6., ubi neque invenitur nomen mergorum et post triennium non post biennium amputationem faciendam esse docetur. Opprobrio vertendum Palladio, quod non satis magna cum diligentia Columellae locum ex quarto libro exscripsit. Mense Februario propagandas esse vites cum scripsisset, adiecit Columellae rationem mergis reparandae vineae neglecta eiusdem Columellae capitis paragrapho quarta, ubi expressis verbis noster monet, ne quis vere mergos amputet.

236 non, ut Gessnerus censuit — ad Pall. III. 17, 7 — ex l. de arb. 8, 4 ubi Gallica terebra a Columella insitioni aptata perpaucis verbis attigitur.

237 libri de arboribus nullus locus respondet.

238 utrum ex lib. r. r. V. 10, 6 ubi nunc lacuna exstat an ex l. de arb. 20, 2 hauserit Palladius, diiudicari nequit.

239 denuo vituperandus est Palladius, quod accuratione exscribendi defecit.

240 Cum Plinio consentit Palladius a Columella doceri affirmans, quod ille a Bolo Mendesio sese didicisse ipse professus est. Verum autem est illud: 'Si duo faciunt idem, non est idem.' Plinius naturalis historiae non tam auctor quam compilator longis testium indicibus vehementissime gavisus, quin, si Boli nomen apud Columellam invenisset, id suos in indices assumpturus fuerit, non est dubium. Sequitur, quod supra enarravi, priore Columellae opusculo Plinium esse usum. Plane aliter de Palladii loco iudicandum est. Quarti p. Chr. saeculi auctor aspernari se cum doctrinae apparatum ostentatum tum testium indices ineunte opusculo hisce verbis demonstravit: 'Pars est prima prudentiae, ipsam, cui praecepturus sis, aestimare personam. Neque enim formator agricolae debet artibus et eloquentia rhetores aemulari, quod a plerisque factum est: qui, dum diserte loquuntur rusticis, assecuti sunt, ut eorum doctrina nec a disertissimis possit intelligi? Prooemii sententiam secutus per nomen eos solos testes citat, quos agricolis notos esse censet, Vergilium, Columellam, Gargilium Martialem. Ceterum Graecos et aliquos et alios et nonnullos laudat. Neque ergo, quod Boli Mendesii nomen reticuit, quominus maiore Columellae opere Palladii locum niti arbitremur, impedit.

241 non ex libro de arboribus, cuius in capite altero nondum quattuor annorum certum spatium surculorum generositatis cognoscendae statuitur. — 242 respondens locus in libro de arboribus frustra quaeritur.

243 Etenim mea quidem sententia, si tum exstitissent prioris operis volumina omnia prior liber de agricultura ante maioris operis librum secundum, liber de re pecuaria ante sextum librum locos habuissent, ut liber de arboribus tribus voluminibus surculorum curam continentibus propositus est. Itaque excursus ille etymologicus tum totius corporis noni non septimi libri particula fuisset.

244 v. pag. 22. — 245 v. pag. 22.

246 cf. r. r. IX. 2, 5; IX. 14, 12.

247 Columellae, primi p. Chr. n. saeculi scriptoris memoriam oppressam esse demonstrant verba Isidori, quae hac adnotatione attulisse satis habeo. *Isid.* orig. XVII. 1, 1: Apud Romanos de agricultura primus Cato instituit, quam deinde M. Terentius expolivit, mox Vergilius laude carminum extulit. Nec minus studium habuerunt postmodum Cornelius Celsus et Iulius Atticus, Aemilianus sive Columella, insignis orator, qui totum corpus disciplinae eiusdem complexus est.

248 Columellae codicum peritissimus Vilhelmus Lundstroem in Italiae Hispaniaeque bibliothecis magnum numerum codicum, qui redintegratorum humanitatis studiorum temporibus orti sunt, delitescere censet.

Hoc tantem loco humanistarum, qui vocantur, admirationis exemplum addam versus a Theodoro Beza, Calvinii aequali, compositos:

'Orphea mirata est Rhodope, sua fata canentem,
Si modo Virgilii carmina pondus habent.
Tu vero Iuni silvestria rura canendo
Post te ipsas urbes in tua rura trahis.
O superi, quales habuit tum Roma Quirites
Quum tam facundum viderit agricolam.'

Auctoris vita.

Natus sum Guilelmus Rudolfus Becher Cygneae a. d. V. Calendas Ianuarias anni h. s. LXXIII. patre Rudolfo mercatore, matre Elisa e gente Gruene, quos acerbitate fati mihi praereptos esse valde doleo. Fidem profiteor evangelicam. Primis litterarum elementis quattuor per annos imbutus paucosque per menses gymnasii Cygneensis discipulis adscriptus anni h. s. LXXXIII. aestate cum matre Lipsiam transmigravi. Ubi receptus sum in gymnasium regium florens rectore Ricardo Richtero, qui matri affinitate coniunctus tutelam mei administravit. Vere anni 1892 maturitatis testimonio exstructus almae matri Lipsiensi inscriptus sum. Docuerunt me viri illustrissimi Brugmann, Elster, Immisch, Lipsius, Overbeck, Ribbeck, Schneider, Sievers, Wachsmuth, Wundt. Militis officio absoluto artisque philologae tirocinio superato Bonnam transmigravi, ad humanitatis arcem clarissimam. Summa cum benevolentia studiis meis faverunt viri praenobiles Brinckmann, Buecheler, Elter, Loeschke, Usener, Wilmanns. Per sex menses in pulcherrima artium elegantium et ingenuarum sede Rhenana versatus Lipsiam redii studiis instituturus. Atque instruxerunt me viri doctissimi Brugmann, Cichorius, Elster, Heinze, Hofmann, Immisch, Lipsius, Marcks, Ratzel, Ribbeck, Richter, Schneider, Schreiber, Sievers, Wachsmuth, Wundt. Postquam per sex menses in proseminario Lipsiensi tirocinium feci moderante Immischio, et per idem tempus Bonnae Useneri auspiciis ingenium acui, Lipsii, Ribbeckii, Wachsmuthii humanitate in seminarium philologum Lipsiense receptus sum, cuius per ter senos menses fui sodalis ordinarius. Praeterea Wachsmuthii, Cichorii, de Bahderi, Sieversii, Elsteri benignitate factum est, ut per ter senos menses seminario historico, idemque per tempus proseminario Germanico essem adscriptus. Denique in seminarium paedagogicum me recepit Ricardus Richter, qui ut puerum orbum me tutatus est, ita adulescentem summa cum pietate adiuvat.

Ad societates me admiserunt Cichorius per bis senos menses, Lipsius per spatium semestre, Ribbeckius per tres annos, Schneider per idem tempus.

Quibus viris omnibus iustas ac debitas gratias ago; inprimis vero Hermanno Usenero, Georgio Loeschkio Bonnensibus, Ricardo Richtero, Ottoni Ribbeckio, Curtio Wachsmuthio Lipsiensibus pium gratumque servabo animum.

CPSIA information can be obtained
at www.ICGtesting.com
Printed in the USA
BVOW06s0949031017
496507BV00027B/172/P

9 781160 392990